A CRUZ E O CRESCENTE

Cristianismo e islã, de Maomé à Reforma

RICHARD FLETCHER

A CRUZ E O CRESCENTE

Cristianismo e islã, de Maomé à Reforma

Tradução de Andréa Rocha

EDITORA
NOVA
FRONTEIRA

Título original: *The Cross and the Crescent*

© Richard Fletcher, 2003
Publicado originalmente no Reino Unido por Penguin Books Ltd, 2003

Direitos de edição da obra em língua portuguesa no Brasil adquiridos pela EDITORA NOVA FRONTEIRA S.A. Todos os direitos reservados. Nenhuma parte desta obra pode ser apropriada e estocada em sistema de banco de dados ou processo similar, em qualquer forma ou meio, seja eletrônico, de fotocópia, gravação etc., sem a permissão do detentor do copirraite.

EDITORA NOVA FRONTEIRA S.A.
Rua Bambina, 25 – Botafogo – 22251-050
Rio de Janeiro – RJ – Brasil
Tel.: (21) 2131-1111 – Fax: (21) 2537-2659
http://www.novafronteira.com.br
e-mail: sac@novafronteira.com.br

CIP-Brasil. Catalogação-na-fonte
Sindicato Nacional dos Editores de Livros, RJ

F631c   Fletcher, R. A. (Richard A.)
         A cruz e o crescente : cristianismo e islã, de Maomé à Reforma / Richard Fletcher ; tradução de Andréa Rocha. – Rio de Janeiro : Nova Fronteira, 2004

         Tradução de: The cross and the crescent
         ISBN 85-209-1614-7

         1. Islã – Relações – Cristianismo. 2. Cristianismo e outras religiões – Islã. I. Título.

CDD 261.27
CDU 261.8:297

Para Emma Clark

— A história — disse Stephen — é um pesadelo de que tento despertar… Que dizer então se esse pesadelo lhe desse um pontapé por trás?

James Joyce, *Ulisses*

Sumário

Lista de mapas, 11
Prefácio, 13

1. Filhos de Ismael, 17
2. Um elefante para Carlos Magno, 43
3. Cruzando fronteiras, 77
4. Comércio, coexistência e saber, 109
5. Peneirando o Corão, 139
6. Epílogo, 163

Cronologia, 167
Outras obras sobre o assunto, 171
Notas, 177
Índice, 183

Lista de mapas

1. O Mediterrâneo e o Oriente Médio no primeiro século islâmico, c. 630-730, 18
2. O Mediterrâneo e o Oriente Médio, c. 1000, 44
3. O Mediterrâneo e o Oriente Médio no início da era das Cruzadas, c. 1140, 78
4. O mundo mediterrâneo, c. 1400, 110

Prefácio

ESTE LIVRO ME FOI SUGERIDO pela primeira vez durante uma conversa em outubro de 1998, encomendado em junho de 2000, pensado durante os meses seguintes e escrito entre maio e dezembro de 2001. Sua publicação foi atrasada por motivos alheios à minha vontade. Este trabalho pretende ser uma introdução imparcial à história de um grande, complicado, intricado e controvertido conjunto de relacionamentos que ajudou a dar forma ao mundo para muitos milhões de pessoas que vivem hoje em diferentes contextos culturais. Nem mais, nem menos.

As origens do livro remontam a datas bem anteriores às que acabaram de ser mencionadas. Por muitos anos dei aula em cursos de graduação que tratavam de vários aspectos das relações entre cristianismo e islã na Idade Média. Esses cursos foram ministrados na Universidade de York, onde até recentemente eu trabalhava. Bem antes disso, entretanto, uma experiência formadora em minha própria carreira como estudante de graduação em Oxford lançou as sementes de um interesse por esse confronto cultural. Em minha primeira longa viagem de férias, em 1963, visitei a Espanha com amigos e pela primeira vez na vida contemplei admirado a mesquita de Córdoba e o Alhambra de Granada: voltei de minhas férias decidido a aprender mais sobre a cultura que havia produzido aquelas maravilhas. Nas semanas iniciais do período letivo seguinte, freqüentei o que eram as chamadas "aulas" — na verdade eram grupos de discussão informais — sobre o tema "cristianismo e islã na Idade Média". Essas aulas eram comandadas por um triunvirato formado por Richard Southern (naquela época Professor Chichele de História Medieval), Samuel Stern e Richard Walzer. A esses três juntavam-se às vezes Albert Hourani ou Lorenzo Minio-Paluello, ocasionalmente ambos. A simples menção dos nomes desses ilustríssimos eruditos traz logo à lembrança o quanto nós alunos fomos extremamente privilegiados. Não posso falar pelos outros membros do grupo, mas estou bem certo de que, na maneira despreocupada de um jovem de 19 anos, eu não tinha a menor idéia do quanto era afortunado por poder ouvir aquelas reflexões inteligentes, lúcidas e instigantes. As aulas aconteceram no All Soul's College, se não me engano nas salas do dr. Stern. Não havia cadeiras para todos, então nos sentávamos no chão, quase que literalmente aos pés desses sábios, e apenas ouvíamos o que eles tinham a dizer, às vezes participando com uma pergunta ou até aventurando uma observação. Era um método de ensino que talvez não tivesse sido possível em nenhuma outra universidade no mundo ocidental daquele tempo, e que seria totalmente impensável nas condições que regem a vida acadêmica hoje. Ainda tenho as páginas amarelecidas, cheias de anotações apressadas feitas naquele período, que mesmo fora de ordem e fragmentadas são uma lembrança de uma das mais valiosas experiências pedagógicas de minha vida.

De um passado mais recente, registro meu muito obrigado a Craig Taylor por orientar a compra e me ajudar em minha primeira utilização de um novo computador, e também por chamar minha atenção para

Honorat Bouvet (ver capítulo 5). À minha esposa Emma Clark (a quem o livro é dedicado) sou profundamente devedor, por ela ter encontrado tempo em sua vida atribulada para ler todo o texto digitado e fazer comentários construtivos de uma perspectiva muçulmana. À luz de suas críticas, fiz muitas modificações em meu texto. Quando desconsiderei seus conselhos, nunca foi sem uma hesitação repleta de ansiedade. Sou também devedor, mais uma vez, às habilidades editoriais de Stuart Proffitt, aplicada aqui num texto que ele não encomendou.

As datas são fornecidas na forma d.c. (hoje, às vezes, expressas de uma maneira mais neutra como EC ou Era Comum): existem muitos livros de referência que fornecem listas paralelas da Hégira islâmica e datas a.C./EC cristãs. Em minha nomenclatura, estou ciente de que a combinação de termos como "cristandade e islã" é, em estrito senso, uma imprecisão: o "islã" é uma fé, que pode, portanto, ser ligada a "cristianismo" * ; "cristandade" é um território, ou cultura, ou sociedade, um termo que pode, portanto, ser associado a *Dār al-Islām*, ou "Casa da Paz", aquela porção de mundo na qual a fé e a lei do islã prevalecem. Se deixei passar instâncias em que incorri nesse erro, peço perdão àqueles que o possam considerar ofensivo. Cronologia, sugestões de leitura adicional e notas que identificam as citações no texto estão à disposição dos leitores no final do volume.

Ao escrever este livro, por muitas vezes lamentei não ter podido incluir algumas considerações sobre o judaísmo, como o terceiro (mas mais antigo) dos monoteísmos do mundo medieval, cujo destino esteve indissociavelmente entrelaçado com o dos outros dois. Mas isso teria resultado num livro muito diferente e muito mais longo.

Finalmente, um breve comentário sobre o título. Tenho consciência de que o crescente não se tornou amplamente usual como um

---

* Optamos por traduzir a palavra inglesa *Islam* por "islã", que em português pode significar tanto a religião quanto a civilização islâmica. (N.T.)

símbolo do islã antes do período otomano. Da mesma forma, estou ciente de que a outros autores também ocorreu a adequação da expressão "cruz e crescente" como um título para trabalhos sobre o assunto. No prefácio ao seu romance *Summer Lightning* (1929), P.G. Wodehouse admitiu a vergonha que sentiu ao ser informado de que dois romances com esse mesmo título haviam sido publicados na Inglaterra e três nos Estados Unidos. Aproveito sua deixa e arrisco a modesta esperança de que o presente trabalho seja considerado digno de ser incluído entre os cem melhores livros chamados *A cruz e o crescente*.

Nunnington, York
Junho de 2002

1
Filhos de Ismael

O ISLÃ É A FÉ DE UM ÚNICO texto sagrado; o cristianismo, em contraste, a de muitos textos. Essa diferença entre credos monotextuais e multitextuais teve conseqüências de longo alcance na história do mundo. O texto sagrado do islã é o Corão. De acordo com a tradição islâmica ortodoxa, o Corão foi revelado por Deus ao profeta Maomé e, aproximadamente vinte anos após sua morte, em 632 d.C., alcançou forma fixa e final por mãos editoriais humanas. Os diversos textos cristãos são normalmente encontrados sob a capa de apenas um livro, a Bíblia. A palavra "bíblia" é derivada do latim *bibliotheca*, e é exatamente isso o que a Bíblia é. Uma parte dessa biblioteca é constituída por uma massa de mito, história, lei, poesia, aconselhamento e profecia herdados do judaísmo e reunidos para formar o Antigo Testamento. Já o Novo Testamento contém os primeiros escritos cristãos em cartas atribuídas a são Paulo e a outros líderes da era apostólica; nada menos que quatro versões da vida e dos ensinamentos de Jesus de Nazaré, cada uma ligeiramente diferente das outras três; uma narrativa que se concentra na atividade missionária de são Paulo; e um trabalho de profecia apocalíptica que revela o fim iminente do mundo e a segunda vinda do Messias.

Graças a essa multiplicidade e diversidade de textos cristãos, especialmente de cartas e narrativas que se referem aos ensinamentos de Jesus e seus primeiros seguidores, discussão, debate e discordância fizeram parte da história cristã desde os momentos mais iniciais que se pôde documentar. De um certo ponto de vista, a história cristã tem sido a história

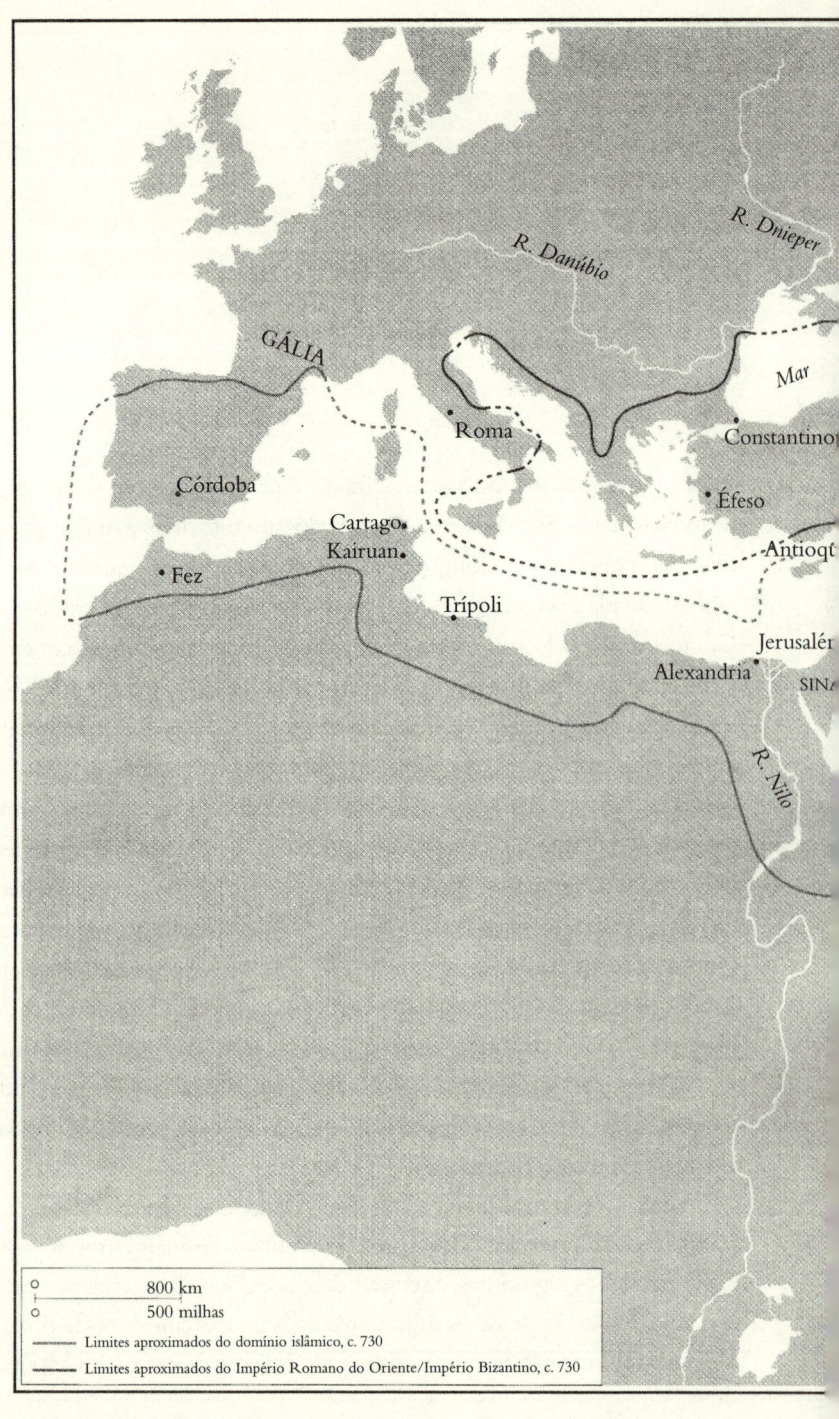

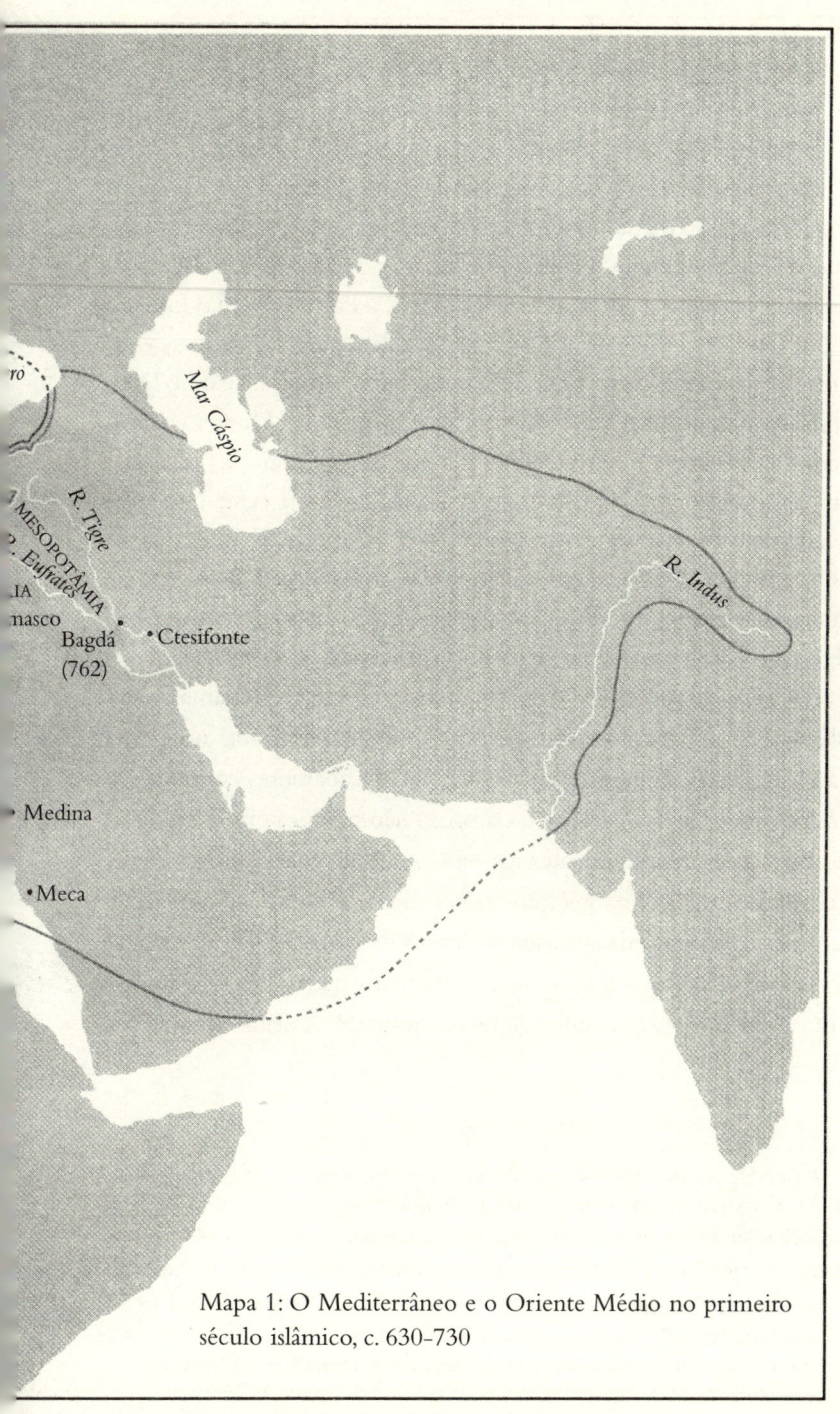

Mapa 1: O Mediterrâneo e o Oriente Médio no primeiro século islâmico, c. 630–730

do florescimento de diferentes tendências ou seitas, de fragmentações em pequenas células e de reformas, encenadas tendo como pano de fundo o tumulto da polêmica, da denúncia e da trapaça. Durante os primeiros séculos cristãos, os assuntos teológicos que geravam os debates mais intensos e destemperados eram as doutrinas associadas da Trindade e da Encarnação. Deus é um, mas é também três, o Pai, o Filho e o Espírito Santo. O que isso significa exatamente? Quais são as relações entre essas Três Pessoas da Trindade? O que "Filho de Deus" significa? Como Deus podia ser Seu próprio Filho? Em que sentido Jesus era Homem e também Deus? Essas e outras questões relacionadas ao assunto, obscuras e difíceis, exercitaram as maiores inteligências da Igreja cristã durante a maior parte do terceiro, quarto e quinto séculos da era Cristã, e ainda são discutidas. Em resposta a elas, foram propostas definições teológicas de grande sutileza — e para as mentes leigas, quase incompreensíveis. Em algumas esferas essas definições foram aceitas; em outras, rejeitadas.

Disputas doutrinárias desse tipo não são possíveis sob uma ordem islâmica. As doutrinas estritamente teológicas entronizadas no Corão não sofrem das ambigüidades, obscuridades e aparentes contradições dos primeiros textos cristãos. É claro, isso não significa que o islã tenha ficado imune a conflitos internos; eles existiram, mas costumavam ser de outra ordem. Uma geração após a morte do Profeta, questões a respeito da origem da autoridade dentro da comunidade islâmica se revelaram causadoras de dissenso, e dividiram-na nas facções sunita e xiita, numa fissura que nunca se reconstituiria.* A elaboração de um

---

* Os xiitas têm seu nome derivado da palavra árabe *shī'at*, que significa "grupo" ou "facção" de Ali, ao mesmo tempo primo e genro do Profeta. Os xiitas se recusaram a aceitar as reivindicações de autoridade dos três primeiros califas que sucederam a Maomé, uma recusa que precipitou a guerra civil na primeira comunidade islâmica. Os sunitas, por outro lado, reconheceram e reverenciaram os primeiros califas, e não atribuíram nenhuma condição especial a Ali e seus descendentes. Atualmente, os sunitas constituem 90% dos muçulmanos no mundo todo, e as várias seitas xiitas integram os 10% restantes.

código islâmico de leis a partir do Corão, e o quase tão autoritário Hadith, ou "Tradições", requeriam interpretação; por isso, escolas rivais de lei islâmica se estabeleceram ao longo do tempo. Diferentes comentadores desses textos sagrados defendiam práticas ligeiramente diferentes, bem como formas e rotinas de devoção também ligeiramente diversas. Individualmente, pessoas santas experimentaram novas maneiras de se aproximar de Deus através do ascetismo, do misticismo ou de atividades coletivas. A partir dessas experiências seus adeptos formaram grupos ou seitas.

Homens santos e, às vezes — de fato mais freqüentemente do que se costuma imaginar —, mulheres santas podem ser venerados dentro do *Dār al-Islām* (literalmente "Casa da Paz", as terras onde a fé islâmica é observada e a lei islâmica prevalece) como mestres, guias espirituais, iniciados na lei. Mas eles não são sacerdotes no sentido cristão. Não há sacerdócio no islã. Como também não há, nem pode haver, uma Igreja no sentido de uma instituição religiosa separada do mundo laico, com sua própria organização, receita, seus costumes e funcionários. A autoridade dentro do islã é indivisível; não há separação entre o sagrado e o secular. Sob uma ordem cristã, entretanto, há uma distinção entre "Estado", "mundo" e "sociedade", de um lado, e "Igreja" de outro. Pode haver pouco ou muito espaço entre esses dois blocos; as relações podem ser calorosas ou cautelosas, mas a distinção está sempre lá, um potencial de tensão e conflito.

Essas diferenças fundamentais entre islã e cristianismo impossibilitaram o entendimento fácil e o diálogo harmônico. O monoteísmo austero do islã considera as doutrinas cristãs da Trindade e da Encarnação incompreensíveis e desagradáveis. O que é um Deus que é de alguma forma "divisível", um Deus que pode se transformar num homem, numa pomba, ou num cordeiro, senão uma forma de politeísmo ou idolatria — crenças repetidamente condenadas no Corão? A divisão cristã em seitas tem sido tradicionalmente objeto de escárnio entre os muçulmanos que a testemunham. Se há na cristandade uma linha de tensão entre Igreja e Estado (ou sociedade) que seria intolerável no islã, isso vai revelar formas completamente diferentes de pensar sobre autoridade e de organizar a comunidade dos fiéis — isto é, de conduzir a política.

Na época em que Maomé recebeu suas primeiras revelações, no começo do século VII, o cristianismo era, oficialmente, há dois séculos, a fé exclusiva do Império Romano, a superpotência do Mediterrâneo. Isso não significa que a autoridade romana e a fé cristã tivessem fronteiras coincidentes. Também não significa que o cristianismo do mundo romano fosse uniforme ou monocromático. Há muito o cristianismo vinha se estendendo para além das fronteiras políticas do Império Romano: desde os tempos de Maomé, colônias cristãs foram instaladas no exterior, da Etiópia à Irlanda, do Marrocos à Geórgia. A expansão havia sido mais significativa, tanto numérica quanto culturalmente, em direção ao Oriente. Um ramo especialmente florescente do cristianismo seria encontrado na Mesopotâmia — mais ou menos o Iraque atual —, que estava politicamente dentro das fronteiras de outra superpotência da Antiguidade, o Império Persa. Essa "Igreja do Oriente", como os estudiosos da história eclesiástica chamam — embora "Igrejas", no plural, possa ser mais preciso —, já estava espalhando comunidades missionárias em lugares tão distantes quanto a Índia e a China.

Dentro do mundo romano, a grande divisão cultural se dava entre o Oriente e o Ocidente. O Oriente — de língua grega e urbanizado, que abrangia algumas das grandes cidades da Antiguidade (Alexandria, Antioquia, Éfeso e a novata Constantinopla) — era o mais amplamente cristianizado. No Ocidente — de língua latina, mais pobre e rural, com suas províncias àquela altura sob o controle de reis germânicos, que haviam estabelecido Estados-sucessores no decadente Império do Ocidente do século V — o cristianismo continuava tentando realizar avanços junto ao campesinato ainda pouco influenciado. As já citadas confusas disputas doutrinárias haviam chegado ao que parecia ser uma resolução, após uma série de concílios da Igreja, culminando no impressionante encontro de aproximadamente 600 bispos na Calcedônia, perto de Constantinopla, em 451. Entretanto, as definições de ortodoxia então propostas eram inaceitáveis, não apenas para as Igrejas do Oriente que ficavam além das fronteiras imperiais — portanto, difíceis de serem disciplinadas —, mas também para uma bem fortificada coalizão de seitas cristãs dentro das fronteiras, que podia ser, e foi, coagida. Essas seitas seguiam a doutrina da Encarnação de Jesus, conhecida como monofisismo, a crença de que no Cristo Encarnado havia apenas uma natureza, não duas (divina e humana). Aqui, não precisamos nos ocupar dos detalhes teológicos: basta dizer que os monofisistas estavam densamente distribuídos pelas províncias orientais do Império Romano desde a Armênia, passando pela Síria e pela Palestina, até o Egito. Ao longo do período entre o fim do século V e o começo do século VII, os monofisistas dentro do Império sofreram periódicas e às vezes intensas perseguições, comandadas do centro da ortodoxia em Constantinopla.

Os árabes eram grupos tribais seminômades que tinham uma língua e uma cultura em comum, agrupavam-se ao longo das fronteiras dos dois maiores poderes imperiais, às margens do deserto da Síria, e espalhavam-se pelas regiões habitáveis da península arábica propriamente dita.* Interagiam das mais variadas formas com seus dois poderosos vizinhos imperiais: trabalhando como soldados mercenários; vendendo incenso, camelos ou escravos para Síria ou Mesopotâmia; e sofrendo captura e deportação como prisioneiros de guerra. Muitos

---

* Para esclarecer um pequeno ponto que às vezes causa confusão: a província imperial romana chamada "Arábia" limitava-se a um território razoavelmente pequeno, localizado aproximadamente entre o vale do Jordão e o deserto a leste. Quando são Paulo mencionou sua permanência temporária "na Arábia" (Gálatas 1:17), não se referiu ao que chamamos de Arábia Saudita.

deles permaneceram, voluntariamente ou não, dentro dos impérios nos quais haviam conseguido progredir; alguns, como logo veremos, assumiram posições de destaque em seus novos lares. Havia também tráfego na direção contrária, já que as fronteiras do Império eram porosas. Imigrantes vindos de Roma ou da Pérsia, como, por exemplo, judeus e cristãos que fugiam da perseguição em seus países, estabeleceram-se entre os árabes. Na época de Maomé havia um grande número de comunidades de expatriados judeus e cristãos em terras árabes. Essas comunidades difundiram sua fé e suas práticas entre os árabes sírios que estavam intrigados e atraídos pelos monoteísmos do mundo romano. Do século IV em diante passaram a existir na Síria comunidades de árabes nascidos cristãos, embora não ainda na península arábica. Foram Igrejas que cresceram regularmente ao longo dos séculos V e VI e desenvolveram sua cultura árabe-cristã específica. O próprio Maomé tinha viajado para a Síria a negócios, e numerosas passagens no Corão atestam sua familiaridade tanto com o judaísmo quanto com o cristianismo.

Os povos radicados nos dois impérios demonstravam esse desdém pelos árabes que tão freqüentemente marca a atitude dos sedentários em relação aos nômades. A inimizade entre pastores e agricultores, entre o árido e o semeado, remonta a Abel e Caim. Amiano Marcelino, último dos grandes historiadores latinos da Antiguidade, escreveu lá pelo fim do século IV e é representativo. Ele considerava os árabes um povo destrutivo, que investia como aves de rapina para se apoderar do que fosse possível encontrar. Diferentes em seus hábitos, não eram pessoas como a gente: usando o que hoje seria chamado de estereotipia cultural, ele repeliu o árabe como o desagradável Outro.

> Nenhum homem jamais pega no cabo de um arado, nem cultiva uma árvore, nenhum busca o sustento cultivando a terra, mas perambula continuamente por amplas e extensas regiões, sem um lar, sem moradia fixa ou leis (...) Eles vagam tanto, que uma mulher casa-

se em um lugar, dá à luz em outro, e educa seu filho bem longe (...)
Sem nenhuma familiaridade com grãos ou vinho, eles se alimentam
de animais selvagens, leite e uma variedade de plantas.[1]

Escritores cristãos como são Jerônimo — contemporâneo de Amiano, vizinho próximo dos árabes durante seu longo período de residência em Belém, entre 386 e 420 — concordavam com ele. E essas autoridades cristãs sabiam como explicar as tais pessoas estranhas. Estava tudo lá no que a Bíblia tinha a dizer sobre Ismael, cujo nascimento e destino são descritos no Gênesis 16. Ismael seria um "homem feroz; a sua mão contra todos, e a mão de todos contra ele; e ele viverá em hostilidade contra todos os seus irmãos". Aqui, Isidoro de Sevilha, o grande polímata e enciclopedista do fim da Antiguidade, e contemporâneo de Maomé, resume um consenso cristão:

> Os sarracenos vivem no deserto. Eles também são chamados de ismaelitas, como o livro do Gênesis ensina, porque descendem de Ismael [filho de Abraão]. Eles também são chamados de agarenos porque descendem de Agar [escrava concubina de Abraão, a mãe de Ismael]. Eles também, como já dissemos, insistem em se denominar sarracenos, porque falsamente se vangloriam de descender de Sara [a mulher legítima de Abraão].[2]

Desse modo, os árabes puderam ser marginalizados como inimigos da raça humana pela sua origem desonrada, ou, como diríamos hoje em dia, pela sua etnia, tanto quanto por seus repugnantes hábitos de nômades, diferentes daqueles do mundo civilizado. E isso tinha a sanção das escrituras. A palavra do próprio Deus na Bíblia, ao que parecia, havia declarado que os árabes deveriam ser para sempre os excluídos.

Um povo perigoso, um povo repulsivo, mas útil, desde que mantido à distância. O governo imperial romano do Oriente estabeleceu como um tipo de Estado-tampão uma confederação tribal cristã conhecida como os árabes gassânidas (de um pretenso ancestral Ghassān), cuja zona de atividade se estendia ao longo da fronteira oriental do Eufrates até o Sinai. Em troca de subsídios, consideração e alguns dos adornos do poder sedentário, os gassânidas fizeram um bom trabalho de defesa da fronteira, no século VI. Só que depois alguma coisa deu errado, e não está totalmente claro o que foi. Talvez tenham achado que os gassânidas estivessem se tornando muito independentes. Talvez os burocratas de Constantinopla estivessem querendo fazer economia. Por alguma razão, o subsídio gassânida foi cancelado. Eles se ofenderam, e as relações foram cortadas. A fronteira oriental ficou vulnerável aos tradicionais inimigos de Roma, os persas. Os dois poderes se enfrentaram até uma exausta imobilidade, numa guerra longa e desastrosamente cara entre 603 e 629. Outra conseqüência da ruptura com os gassânidas foi um hiato na obtenção de informações políticas. Os gassânidas haviam mantido o governo imperial bem informado sobre os acontecimentos no mundo árabe. Mas no começo do século VII, Constantinopla fatalmente perdeu contato com o que estava acontecendo mais adiante, para o sul, em Meca e Medina.

Segundo o relato canônico do início do islã, Maomé recebeu as revelações divinas contidas no Corão a partir de 610, começou a pregar para o povo de Meca em mais ou menos 612, encontrou oposição e fugiu para Medina em 622. O último evento, o *Hijrah*, ou Hégira (literalmente "migração"), marca o início da era cronológica islâmica. Vitórias militares realizadas pelos ansār, ou "colaboradores", seus aliados de Medina, possibilitaram que Maomé conquistasse o povo de Meca em 630. Na época de sua morte, tradicionalmente datada como 632, afirma-se que a maioria dos árabes das partes ocidentais da península arábica submeteu-se à sua profética liderança e se juntou à *umma*, ou comunidade de fiéis, movida pelos ideais do *islām* ou pela obediência à vontade de Alá. Esse relato tradicional enfrenta todo tipo de dificuldades, porque as fontes, se avaliadas imparcialmente, de fato nos contam muito pouco que seja confiável sobre a vida do Profeta e suas crenças. Admitindo-se isso, fica razoavelmente claro que Maomé não pensou que estivesse "fundando uma nova religião". A frase provavelmente não faria nenhum sentido para ele. Ele havia sido escolhido pelo Deus único e verdadeiro como o Mensageiro que poderia trazer aos árabes da península arábica a completude da revelação divina — concedida parcialmente a profetas anteriores como Abraão, Moisés ou Jesus — e, desse modo, conduzi-los para longe do seu politeísmo e idolatria tradicionais. O Mensageiro era essencialmente alguém que fazia uma advertência:

...é uma mensagem de advertência
(quem quiser, que a decore!)
registrada em páginas honradas,
exaltadas, santificadas,
por mãos de escribas,
nobres e leais.[3]

O Mensageiro deveria lembrar às pessoas, antes de mais nada, da iminência do enorme e terrível julgamento de Deus:

Dizem os que descrêem: "A Hora nunca chegará." Dize: "Sim, por meu Senhor, chegará." Ele conhece o invisível. Nada lhe escapa, nem mesmo o tamanho de uma formiga, nos céus ou na terra...[4]

Aqueles que haviam se submetido — isso é o que a palavra *muçulmano* significa — precisavam viver suas vidas sob novas orientações. Deveriam observar cinco obrigações fundamentais, conhecidas como os cinco "pilares do islã": profissão de fé, orações diárias, jejum, esmola e peregrinação, com seus subseqüentes rituais. Ordens e interdições — como a proibição da ingestão de vinho — forneceram suporte adicional para a estrutura dentro da qual o devoto deveria viver uma vida honrada. Muito da conduta ética tradicional dos árabes foi mantida sob a nova ordem: o costume matrimonial, por exemplo, ou o culto na Caaba, em Meca, ou, ainda, o dever de hospitalidade a estranhos. Mas houve novos desvios significativos. Maomé trouxe uma mensagem de paz. A *umma* era uma comunidade maior do que a tribo, e demandava uma lealdade que vinha antes da lealdade aos parentes. Muçulmano não deveria lutar contra muçulmano. Não poderia haver um retorno à constante violência dos ataques e vinganças entre tribos, marca do mundo árabe pré-islâmico. Em vez disso, um muçulmano deveria praticar o *jihad*, um termo muitas vezes incorretamente traduzido, que significa "esforço" ou "luta", para convencer os incrédulos dos caminhos do islã. Esse esforço podia ser pacífico, como levar uma vida exemplar ou incumbir-se de ensinar e pregar, mas também coercitivo e violento, se os incrédulos fossem teimosos.

Após a morte de Maomé — ou até mesmo antes disso — exércitos muçulmanos começaram a participar de campanhas em territórios habitados nas margens orientais do Mediterrâneo. De um certo ponto de vista, essas eram apenas operações de ataque do mesmo tipo tradicionalmente infligido por uma tribo árabe contra outra, mas agora proibidas pelo código da *umma* e, portanto, necessariamente voltadas contra estranhos. De um outro ponto de vista, e de uma forma mais controvertida entre os estudiosos, as campanhas eram motivadas pelo desejo de integrar todos os árabes na *umma*, e estabelecê-la na cidade sagrada de Jerusalém, para lá esperar o fim iminente do mundo.

Seja qual for a verdade sobre as motivações subjacentes, os eventos que se seguiram são bem conhecidos e bem documentados. No espaço de vinte anos após a morte do Profeta, os muçulmanos tinham se apoderado de grandes porções do Império Romano e absorvido completamente o Império Persa. O mapa do Oriente Médio nunca mais seria o mesmo. A história pode ser descrita, em linhas gerais, muito rapidamente. Em 635, depois de ataques esparsos na Síria e na Palestina, os muçulmanos conseguiram capturar a cidade de Damasco. No ano seguinte, derrotaram decisivamente um exército romano de reforço na Batalha do Rio Yarmuk. Essa vitória deixou a totalidade da Síria e da Palestina a seus pés. Em 638, Jerusalém se rendeu a eles; em 640,

Cesaréia. Enquanto isso, ataques em direção ao leste, dentro do Império Persa, foram também seguidos de uma esmagadora vitória muçulmana, em 637, e da subseqüente tomada da capital do Império, Ctesifonte. O último imperador persa da dinastia dos sassânidas recuou em direção a seus territórios no nordeste, para além do mar Cáspio, de onde comandou uma sempre inexpressiva ação na retaguarda, até sua morte, em 651. No final de 639, exércitos muçulmanos já tinham voltado sua atenção para a riqueza fabulosa das províncias do Egito. O mesmo padrão de ataques seguidos de vitórias nos confrontos e captura de cidades importantes repetiu-se: as forças romanas foram derrotadas no campo de batalha em 640; Alexandria caiu em 642, e com sua queda chegaram ao fim seis séculos e meio de domínio romano. O avanço continuou em direção a oeste: Trípoli caiu em 643. A evolução que se seguiu nessa mesma direção foi bem mais lenta e trabalhosa, em parte porque os muçulmanos estavam enfraquecidos pelas divisões entre sunitas e xiitas em seu próprio círculo dominante, e em parte porque no Maghreb (noroeste da África) eles encontraram uma oposição determinada das tribos berberes nativas da região. Uma nova cidade fortificada foi estabelecida em Kairuan, na Tunísia, em 670, e de lá foram lançados ataques regulares em direção a oeste. Essas chegaram a ser operações de larga escala e longo alcance. Uma delas avançou até a costa do Marrocos em 681, permitindo que os olhos espantados dos árabes admirassem pela primeira vez as águas do Atlântico — apesar de terem sofrido uma emboscada dos berberes na volta, e de seu líder ter sido assassinado. O último reduto imperial significativo, Cartago, sucumbiu aos recém-chegados em 698. Qualquer vestígio de poder romano efetivo tinha sido agora banido do norte da África. Depois, foi a vez da Europa. Ataques através do estreito de Gibraltar estavam sendo realizados desde os primeiros anos do século VIII, culminando em uma invasão militar maciça da Espanha, em 711. Numa batalha decisiva, num local nunca identificado com precisão, o rei espanhol Rodrigo foi derrotado e morto; a capital, Toledo, foi ocupada pouco tempo depois. Em 718, toda a península ibérica estava nas mãos de novos senhores. A essa altura, exércitos muçulmanos no Oriente cercavam a capital imperial, a própria Constantinopla. Pouco depois, os conquistadores da Espanha começaram a enviar grupos de ataque pelos Pireneus para dentro da parte sul da Gália franca. Onde iriam parar os conquistadores, se é que iriam parar?

A velocidade das conquistas islâmicas, especialmente as iniciais, nos anos 630 e 640, sempre estarreceu e intrigou os historiadores. Ambos os impérios de Roma e da Pérsia estavam sofrendo de saturação de guerra e de exaustão financeira. O mundo mediterrâneo como um todo pode ter sido enfraquecido por declínio demográfico e prolongada recessão econômica causados por surtos de peste bubônica no século VI. Os árabes possuíam generais talentosos, guerreiros calejados pelo deserto, disposição inesgotável e a vantagem inestimável da mobilidade diante de inimigos cujos exércitos estavam acostumados a operações militares lentas. Para os povos das províncias da Síria e da Palestina, que haviam experimentado uma desordem severa no longo conflito entre Roma e Pérsia, os exércitos dos muçulmanos árabes devem ter parecido sucessores dos gassânidas, gente que teria condições de protegê-los por meio de um tratado com o imperador; gente, portanto, a quem era prudente render-se. Para os perseguidos cristãos monofisistas da Síria e do Egito, os muçulmanos poderiam ser apresentados como libertadores. O mesmo se aplicaria para os judeus perseguidos da Espanha.

Podemos levar em conta todos esses fatores, e ainda mais outros; mas uma explicação moderna satisfatória para a expansão inicial do islã permanece inatingível. As pessoas daquela época tinham menos dúvidas. O patriarca de Jerusalém, Sofrônio — que negociou a rendição da cidade aos muçulmanos em 638 —, explicou a invasão da Palestina como punição divina pelos pecados dos cristãos. A noção de que os muçulmanos eram instrumentos da ira de Deus teria vida longa. Assim como a descrição de Maomé como um homem sanguinário e de seus seguidores como irremediavelmente violentos. Isso aparece pela primeira vez em um trabalho cristão conhecido como *Doctrina Jacobi nuper baptizati* [A doutrinação de Jacó recém-batizado], um pequeno tratado de polêmica antijudaica, organizado em forma de diálogo, escrito provavelmente na Palestina, perto da época da rendição de Jerusalém. À determinada altura, as seguintes palavras são atribuídas a um dos oradores de nome "Abraão", um judeu palestino:

> Um falso profeta apareceu entre os sarracenos (...) Eles dizem que o profeta apareceu vindo com os sarracenos e está proclamando o advento do ungido que deverá chegar. Eu, Abraão, submeti a questão a um velho homem muito bem versado nas escrituras. Perguntei a ele: "Qual a sua visão, mestre e professor, do profeta que apareceu entre os sarracenos?" Ele respondeu, gemendo vigorosamente: "Ele é um impostor. Por acaso os profetas chegam com espada e carruagem? Verdadeiramente, esses acontecimentos de hoje são trabalho da desordem (...) Mas você vá embora, mestre Abraão, e descubra a respeito do profeta que apareceu." Então eu, Abraão, pedi informações, e aqueles que estiveram com ele disseram: "Não há verdade para ser encontrada no assim chamado profeta, apenas derramamento de sangue; porque ele diz que tem as chaves do paraíso, o que é inacreditável."[5]

Digna de nota aqui, também, é a tendência a interpretar o islã através de uma perspectiva bíblica (ungido, chaves) e seu Profeta como falso, um desviante da ortodoxia cristã. Exatamente como Isidoro (e muitos autores posteriores) podia explicar os árabes como descendentes de Ismael, fazia sentido "colocar" Maomé como um cristão herege.

O islã emergiu numa época em que a vida intelectual da cristandade dentro do mundo romano estava concentrada quase que exclusivamente na Bíblia e em seus comentadores. Durante os três séculos anteriores, o aprendizado laico da Antiguidade havia sido pouco a pouco suprimido das ementas de estudo, e a cultura dominante da cristandade assumira um tom eclesiástico. Isso foi importante no condicionamento da reação cristã ao islã. A idéia de que o islã poderia ser uma "nova religião" era, no estrito senso do termo, inconcebível: o pensamento não poderia ter ocorrido. Considerar a noção de uma "nova religião" é possível apenas quando se está acostumado à idéia de pluralismo religioso, à idéia (que damos como certa hoje) de que na humanidade há muitas religiões diferentes. Mas a época de Isidoro e Sofrônio não era assim. Foi só muitos séculos mais tarde que as primeiras tênues auroras da noção de pluralidade religiosa surgiram imperceptivelmente no horizonte da cristandade (ver capítulo 4). Antes disso, as certezas eram grandiosas e simples. Havia a Fé, que era cristã. É claro, havia povos conhecidos que não eram cristãos, ou ainda não. Mas eles não representavam nenhum desafio à compreensão. Aos judeus a fé tinha sido oferecida, mas eles a haviam recusado; por esse terrível pecado de rejeição iriam um dia sofrer as conseqüências. Havia pagãos espalhados por todo o mapa, de zoroastrianos persas a camponeses do interior da região mediterrânea que ainda idolatravam fontes e árvores; mas a Bíblia, a palavra de Deus, era bem explícita em assegurar que todos esses iriam um dia se unir dentro do rebanho cristão. Então, quem restava? Evidentemente, os desviantes da ortodoxia cristã, aqueles que haviam intencionalmente escolhido tomar um caminho próprio, os hereges. (O significado primário da palavra grega *heresis* é "escolha".)

Maomé e sua seita eram entendidos mais provavelmente como uma outra onda de desviantes teológicos, que haviam se desencaminhado em questões cruciais de doutrina, como os monofisistas e outros. (Lembremo-nos de que é apenas em retrospecto que podemos afirmar que a controvérsia trinitária foi encerrada pelas definições de Calcedônia em 451.) Muitas coisas que os muçulmanos faziam ou em que acreditavam eram familiares aos cristãos. Eles acreditavam em um Deus. Eles reverenciavam patriarcas, profetas e reis do Antigo Testamento — Abraão, Isaac, Jacó, Moisés, Elias, Davi, Salomão. Eles veneravam a Virgem Maria, a quem de fato um dos capítulos, ou *sūras*, do

Corão é dedicado (Sura 19). Referências respeitosas a Jesus e seus ensinamentos ocorrem repetidamente no Corão. Como os cristãos, eles rezavam e jejuavam, davam esmolas e saíam em peregrinação. Mas negavam a Trindade, a Encarnação e a Ressurreição; tinham por livro santo uma paródia das escrituras sagradas; exaltavam um pseudoprofeta, guerreavam contra os cristãos e se apoderavam de seus lugares sagrados.

Essas primeiras reações ao fenômeno do islã foram transmitidas aos mais distantes lugares da cristandade. Poucos sacerdotes poderiam estar mais distantes das áreas centrais muçulmanas do que Beda, monge, estudioso da Bíblia e historiador da chegada do cristianismo aos ingleses, que vivia e trabalhava no mosteiro de Jarrow, em Nortúmbria, onde morreu, em 735. Contudo, ele sabia o que era necessário saber sobre os sarracenos. Num estudo comentado da Bíblia, finalizado em 716, ele pôde descrever os muçulmanos como "inimigos da Igreja". Quatro anos depois, comentando as referências a Ismael no Gênesis 16, citou são Jerônimo a respeito dos sarracenos e prosseguiu, dizendo:

> Mas agora é "a sua mão contra todos e as mãos de todos contra ele" de tal forma que oprimem toda a África com sua dominação e, odiosos e hostis a todos, controlam a maior parte da Ásia e mesmo parte da Europa também.[6]

Em sua *História eclesiástica*, finalizada em 731, Beda chamou atenção para a "praga muito terrível dos sarracenos"[7], que estava devastando o sul da Gália. A presença dos sarracenos afetou diretamente as vidas de alguns ingleses. Foi mais ou menos na mesma época que Bonifácio, o grande missionário inglês na Alemanha, escreveu a uma amiga inglesa, uma freira, aconselhando-a a adiar sua planejada peregrinação a Roma por causa "dos ataques, turbulências e ameaças dos sarracenos que vêm acontecendo ultimamente".[8]

Portanto, as primeiras reações cristãs ao islã davam-se dentro das limitações da exegese bíblica e da ortodoxia teológica, tudo isso temperado com hostilidade. É muito mais difícil avaliar as primeiras reações islâmicas ao cristianismo. Como vimos, os árabes pré-islâmicos eram bem familiarizados tanto com o judaísmo quanto com o cristianismo — as maiores religiões monoteístas da Ásia ocidental e do mundo mediterrâneo. Alguns historiadores, valendo-se de modelos antropológicos derivados da observação da conversão religiosa na África moderna, sugeriram que mudanças na cultura material e moral dos árabes no fim da Antiguidade pode tê-los tornado maduros para a transição do politeísmo para o monoteísmo. Dada a escassez de evidências, esse é um argumento que só pode ser sugerido, não demonstrado. Um grande número de árabes sírios já havia feito essa transição do cristianismo ao monoteísmo, antes dos tempos de Maomé. Surgem, nesse contexto, dúvidas a respeito daquilo que pode ser chamado, de forma livre e cautelosa, uma ordem política. Em questões de obediência religiosa, havia mais em jogo do que simples convicções de fé. As escolhas tinham um preço. Aceitar a fé de uma superpotência era, de certa maneira, reconhecer e submeter-se a uma cultura dominante. Por volta do ano 600, a fé cristã estava intimamente ligada à ordem e à autoridade romana oriental. O islã ofereceu aos árabes um monoteísmo próprio, com escrituras em sua própria língua, lugares sagrados no coração de suas próprias terras e um modo próprio de estabelecer cultos e vida religiosa.

O Corão requer que os muçulmanos respeitem o *Ahl al-Kitāb*, o "povo do Livro", isto é, judeus e cristãos:

    E não disputeis com os adeptos do Livro, senão com moderação, salvo os que prevaricam. E dizei: "Cremos no que nos foi revelado e no que vos foi revelado. Nosso Deus e vosso Deus é o mesmo. A Ele nos submetemos."[9]

A mais antiga biografia de Maomé traz uma história sobre o reconhecimento de seus dons proféticos por parte de um monge cristão chamado Bahira. Na tradição escrita do islã, portanto, há uma cordialidade embutida com relação ao cristianismo. Na prática, é claro, isso nem sempre se observava. O patriarca Sofrônio lamentou a destruição de igrejas e mosteiros que ocorreu durante a invasão muçulmana da Palestina. Coisas assim acontecem em tempos de guerra. Mas o registro dos tratados de rendição que chegaram até nós mostra que a liderança procurou observar os preceitos do Corão. Aos cristãos e judeus deveria ser permitida a prática livre de suas religiões, sob algumas condições. Esses *ahl ad-dhimmad*, ou "povos protegidos" (sing. *dhimmī*), tinham de pagar uma taxa anual de imposto. Eram obrigados a se identificar usando uma faixa, ou cinto, conhecido como *zunnar*; não tinham permissão para construir novas sinagogas ou igrejas, ou cultivar práticas religiosas explícitas como tocar sinos e cantar em público, e também não tinham permissão para possuir certos itens de equipamento militar. Relações sexuais entre homens *dhimmī* e mulheres muçulmanas eram proibidas, como também, e muito rigorosamente, qualquer demonstração de desrespeito pelo islã ou tentativa de converter muçulmanos a uma fé diferente.

Havia uma razão prática que se sobrepunha a todas as outras para que a liderança islâmica se mantivesse em bons termos com a população cristã das terras conquistadas. Não apenas os povos conquistados eram amplamente mais numerosos que seus conquistadores, mas só os cristãos dominavam a necessária habilidade administrativa para viabilizar o governo. Devemos lembrar que os árabes, escassamente familiarizados com qualquer coisa que chamaríamos de governo, ao se depararem com as províncias orientais do Império Romano, estavam diante de um mundo de considerável sofisticação institucional. A superestrutura do Império repousava sobre uma base de tributação, funcionários públicos e registros escritos. Os conquistadores muçulmanos não tentaram desfazer esse sistema. Como poderiam? Eles não tinham nem a mão-de-obra, nem a habilidade, e precisavam de renda. Dessa maneira, as províncias conquistadas funcionavam como antes. Apenas o comando era outro. O primeiro califado islâmico — em árabe *khalīfa* significa simplesmente "sucessor" (do Profeta) — baseado em Damasco, de 661 a 750, era, numa perspectiva institucional, não mais do que um Estado-sucessor do Império Romano.

Uma ilustração vívida dessa questão se encontra numa narrativa que trata das viagens e atribulações de um grupo de peregrinos ingleses aos lugares sagrados, no ano de 723. O líder do grupo era um homem chamado Willibald, nascido no reino anglo-saxão de Wessex, mais tarde bispo de Eichstätt, na Alemanha, lugar onde ditou suas memórias muitos anos mais tarde, em idade bastante avançada. Quando os peregrinos aportaram na Síria, depois da travessia marítima, vindos de Chipre, foram capturados como espiões e aprisionados. Deixemos que Willibald continue a história ele mesmo:

> Então, enquanto eles ainda definhavam no cárcere, um homem da Espanha chegou, falou com eles dentro da própria prisão e fez cuidadosas indagações sobre a nacionalidade deles e suas terras natais (...) Esse espanhol possuía um irmão na corte real, que era tesoureiro do rei [i. e. o califa] dos sarracenos. E quando o governador que os havia mandado para a prisão veio à Corte, tanto o espanhol que havia falado com eles na prisão como o capitão do navio tomado em Chipre ficaram juntos na presença do rei dos sarracenos, cujo nome era Emir al-Mummenin [talvez uma aproximação de *Umayyad*, nome de família da então dinastia de califas]. O espanhol disse a seu irmão tudo o que havia descoberto sobre os peregrinos, e pediu que ele passasse essa informação adiante para o rei, a fim de ajudá-los. Depois, quando esses três homens foram até o rei e relataram seus casos, contando a ele todos os detalhes, do primeiro ao último, o rei perguntou de onde tinham vindo. Eles responderam: "Esses homens vêm do Ocidente, onde o sol se põe; não sabemos nada de seu país, a não ser que depois dele não existe nada além de água." Então o rei perguntou para eles assim: "Por que deveríamos puni-los? Eles não nos fizeram mal nenhum. Permitam que eles partam e sigam seu caminho."[10]

A contribuição desse pequeno relato para o presente objetivo é saber que no espaço de cinco anos após a conclusão da conquista da Espanha, um espanhol, presumivelmente um cristão, havia alcançado uma posição muito elevada e de bastante responsabilidade no governo central do califado, na outra ponta do Mediterrâneo. Gostaríamos de saber mais sobre a história desse homem. Os soberanos do Estado islâmico tinham necessidade de administradores hábeis como ele.

Por sorte somos capazes de seguir o rastro de um pedaço da história de uma verdadeira dinastia de administradores como esse. Um homem chamado Mansur morou em Damasco para controlar a tributação das províncias sírias no tempo do imperador romano Heráclio, que ficou no poder de 610 a 641. Seu nome, Mansur, é árabe e significa "vitorioso". Evidentemente, Mansur pertencia a uma das comunidades árabe-cristãs estabelecidas dentro do Império. Ele era um importante oficial de alto posto, de fato, uma das figuras mais proeminentes no serviço público do Império do Oriente. Mansur tinha um filho, Sergius, que seguiu os passos do pai como mandarim fiscal. Entretanto, a autoridade à qual ele serviu não era mais o imperador cristão em Constantinopla, mas o califa muçulmano na cidade onde vivia, Damasco, que havia caído nas mãos dos árabes, como vimos, em 635. Sergius também tinha um filho, chamado Mansur em homenagem ao avô, que seguiu a tradição da família como oficial no serviço público. Mas aqui a cadeia de continuidade foi quebrada. Na idade madura, o Mansur neto experimentou uma vocação religiosa e abandonou sua vida mundana e a bem-sucedida carreira para se tornar um monge do famoso mosteiro de São Sabas, fundado no século V e ainda florescente no século XXI, no ermo território entre Jerusalém e o mar Morto. Adotou o nome religioso de João, e é como João Damasceno que é lembrado hoje entre os doutores da Igreja. (Depois de liberados do cativeiro, Willibald e seus companheiros visitaram São Sabas durante a viagem pelos lugares sagrados, poucos anos depois de João ter entrado para o mosteiro: não é impossível que os dois homens tenham se encontrado.)

João era um escritor prolífico de teologia, sermões, exegeses e hinos (alguns desses ainda cantados no universo dos falantes de língua inglesa, na tradução de J.M. Neale). Ele foi também o primeiro escritor cristão a se ocupar, de alguma maneira e de modo sistemático, com o islã. Numa data desconhecida, escreveu *Diálogo entre um sarraceno e um cristão*; e perto do fim de sua vida, em aproximadamente 745, compilou um tipo de enciclopédia de dissidência teológica, *Sobre heresias*, que inclui um verbete a respeito da "superstição dos ismaelitas".

O *Diálogo* imagina uma situação na qual um muçulmano faz perguntas embaraçosas para um cristão a respeito de questões como a natureza de Cristo, criação, livre-arbítrio e assim por diante. O cristão rebate essas perguntas com tanta habilidade que, nas próprias palavras finais do trabalho, "o sarraceno seguiu seu rumo surpreso e confuso, não tendo mais nada a dizer".[11] Trata-se de um tipo de cartilha de debate, apesar de ser difícil imaginar as circunstâncias nas quais poderia ter sido colocada em prática. A seção de *Heresias* em que ele discute a superstição dos ismaelitas é bem mais interessante por conter em estado embrionário alguns dos temas que muitas e muitas vezes iriam estar presentes na polêmica antiislâmica cristã. João primeiro explicou a origem dos ismaelitas. Depois prosseguiu criticando Maomé severamente como um falso profeta que tirou parte de seus ensinamentos do Antigo e do Novo Testamento e também dos dizeres de um monge cristão herege (i. e. Bahira). Maomé escreveu "alguns trechos ridículos em um livro seu"[12], que alegava terem sido enviados a ele do céu. João prossegue ridicularizando certas doutrinas ou práticas islâmicas e contando histórias vulgares sobre Maomé. Dessa forma, para zombar da fé dos ismaelitas, João citou com alguma extensão, mas seletivamente, o texto do Corão. Ele evidentemente teve acesso ao texto, ou pelo menos a trechos dele, no mosteiro de São Sabas, onde escreveu. Gostaríamos muito de saber como ele conseguiu ter acesso a esse material.

A história da família de João Damasceno nos oferece vestígios fascinantes da gama de reações dos cristãos aos recém-chegados. Aqui estavam três gerações de altos funcionários públicos, de origem étnica árabe, que eram capazes de supervisionar os impostos sucessivamente para o imperador de Constantinopla e para o califa em Damasco. O que está implícito é que para eles valia a pena servir ao Estado-sucessor islâmico, que era tão legítimo quanto o antecessor. O trabalho de um burocrata é manter o *show* na estrada. Entretanto, como um escritor cristão, João zombava de seus antigos empregadores e os ultrajava. Não devemos inferir muito a partir disso: a polêmica antiislâmica constituiu-se apenas numa ínfima proporção de toda a sua produção literária. Mas a postura expressa no trabalho foi muito difundida. Seu tratado *Sobre heresias* não era apenas para consumo interno no mosteiro de São Sabas. A obra foi dedicada a um velho amigo, o bispo Cosmas de Maiuma, que era um elo de ligação com Gaza, uma cidade cuja comunidade cristã lembrava com orgulho e dor o martírio de sua guarnição romana nas mãos dos conquistadores muçulmanos, um século antes.

Se João foi tão desdenhoso com relação à nova ordem, por que não tomou o caminho do exílio voluntário, como muitos outros fizeram, para um refúgio seguro dentro do que ainda restava do sitiado Império Romano? Há um novo desdobramento para a história aqui. Na época em que João experimentou sua vocação, os imperadores em Constantinopla haviam embarcado numa política muito controvertida de iconoclastia, a destruição de imagens religiosas. João era um fervoroso e eloqüente defensor do valor das imagens — em afresco, mosaico, escultura — como um apoio ao culto cristão. Vivendo onde ele viveu, fora do alcance das autoridades imperiais, estava livre de perseguição. Se tivesse retornado para o Império, teria certamente perdido sua liberdade, talvez sua vida. Como estava, tudo que as autoridades romanas podiam fazer era lançar impropérios contra ele:

Anátema a Mansur, o homem de nome perverso e de sentimentos sarracenos! Anátema a Mansur, o cultuador de imagens e escritor da falsidade! Anátema a Mansur, o ofensor de Cristo e traidor do Império![13]

Com esse espírito, os bispos se reuniram no fortemente iconoclasta Sínodo de Constantinopla, em 754, um pouco antes da morte de João. Ecos de ambigüidades religiosas como essas vêm a ser ouvidos, com menos intensidade, por falta de documentação, na parte mais ocidental das conquistas islâmicas, a península ibérica. Nossa mais importante fonte de documentação sobre a época da conquista é um conjunto de anais conhecido como *Crônica anônima moçárabe de 754* (porque a última inserção foi escrita nesse ano). O autor anônimo escreveu em latim e pode ter sido um clérigo de Toledo, a capital tanto da Igreja quanto do Estado sob o domínio dos reis visigodos que governaram a Espanha como um dos mais romanizados dos Estados-sucessores do Império Ocidental. O autor deplorava, algumas vezes de forma comovente, a dilaceração da conquista e suas conseqüências sobre a geração posterior à invasão inicial em 711-712. Como a família de João, entretanto, ele parece ter aceito a legitimidade dos novos comandantes: usou até mesmo o sistema de data deles, ao lado daquele com o qual estava familiarizado.

Na Era 767 [= 729 d.C.], no décimo primeiro ano do imperador [romano] Leão e no centésimo décimo segundo dos árabes, o sétimo ano do [califa] Hisham, Uthman chegou secretamente da África para tomar o governo da Espanha.[14]

Assim como João, ele nunca se referiu aos recém-chegados em outros termos que não étnicos. Nem ele, nem os escritores do Oriente conseguem sequer nos insinuar que uma cultura religiosa inteiramente nova havia forçado seu caminho para o interior da cena mediterrânea. O que ele transmite é o mesmo sentido de tranqüilizadora continuidade cultural:

> Naquele tempo, Fredoarius, bispo de Guadix, Urbano, o mais antigo cantor da catedral da sé da cidade real de Toledo, e o arcediago Evantius, da mesma sé, eram considerados brilhantes em seus ensinamentos, sabedoria e santidade, fortalecendo a Igreja de Deus com fé, esperança e caridade, em todas as coisas de acordo com as escrituras.[15]

Nós também encontramos na Espanha, apenas um pouco mais tarde, um tratamento análogo dado ao Profeta do islã. Isso acontece em um trabalho bem pequeno, conhecido como *Ystoria de Mahomet* e escrito provavelmente no sul da Espanha, no século VIII ou no começo do século IX. Maomé, "um filho das trevas"[16], roubou alguns ensinamentos cristãos e alegou ser um profeta. Reuniu uma miscelânea de doutrina entregue a ele por um abutre que se dizia o anjo Gabriel; incitou seus seguidores à guerra; era um escravo da luxúria, o que justificava por meio das leis para as quais falsamente alegou inspiração divina; profetizou sua ressurreição depois da morte, mas, na hora, seu corpo foi convenientemente devorado por cachorros. Como João Damasceno, o autor anônimo não ignorava o islã, e foi capaz de fazer o que parecem ser referências bem obscuras ao Corão. Por exemplo, "ele criou alguns dizeres sobre a poupa"[17] parece ser uma referência ao Corão 27:20. Entretanto, como João, o autor estava amargurado pelo rancor e pelo desprezo. Na Espanha, assim como na Síria, os cristãos foram capazes de aceitar e trabalhar com um novo regime, enquanto secretamente insultavam aqueles que estavam no comando.

Durante a fase inicial da expansão islâmica, os conquistadores permaneceram distantes dos povos que subjugavam. Em geral, não se estabeleciam amplamente nos territórios conquistados, mas ficavam de forma deliberada concentrados em grandes aquartelamentos fortificados, nos quais viviam a existência privilegiada de um exército de ocupação. Às vezes esses lugares eram cidades existentes, como Damasco ou Córdoba; mais freqüentemente eram recém-criadas, como Basra ou Kufa na Mesopotâmia, Fustat (Velho Cairo) no Egito, ou Kairuan na Tunísia. Há um simbolismo nisso tudo. Percebe-se que eles não estavam muito interessados em seus súditos. O povo do Livro era útil, mesmo indispensável, pagando impostos, fornecendo administradores e artesãos, mas isso era o máximo a que se podia chegar. Sua cultura mais ampla não era questão para investigação. Os cristãos, por outro lado, não podiam ser indiferentes ao islã. As posturas que pudemos documentar nesse período inicial — desentendimento, ressentimento, hostilidade — podem ser, em retrospecto, lamentáveis, mas são todas bem compreensíveis, dadas as circunstâncias e os pressupostos da época. Indiferença de um lado e hostilidade do outro se provariam extraordinariamente onipresentes e duradouras ao longo dos séculos que estavam por vir.

2
Um elefante para Carlos Magno

No ANO 750 UM GOLPE ACONTECEU nas esferas governantes do islã. Abu-l-'Abbās, conhecido como as-Saffāh, "Derramador de Sangue", liquidou os membros da dinastia dominante dos omíadas e se estabeleceu como califa em Damasco. O novo soberano alegava descender do tio do Profeta, al-'Abbās, e por isso sua família ficou conhecida como a dinastia abácida. Seu sucessor, al-Mansūr, deslocou a capital do império islâmico para um local totalmente novo, Bagdá, a capital construída com esse propósito, em 762. De lá os abácidas comandaram o mundo islâmico até serem destituídos pelos mongóis, em 1258. Durante o período inicial da dinastia abácida, a cristandade e o *Dār al-Islām* tornaram-se menos inteligíveis um para o outro, ainda que continuassem a interagir.

A revolução abácida foi muito mais do que uma mudança de dinastia: foi um momento decisivo na história do islã. O deslocamento da capital também simbolizava muito mais. Em Damasco, os califas haviam tomado uma cidade já antiga, não muito distante da costa do Mediterrâneo. Guardiões de uma herança que não podiam adotar, eles controlaram um Estado-sucessor composto de fragmentos desordenados de dois grandes impérios do fim da Antiguidade, agora administrados para o benefício dos conquistadores árabes. Bagdá era diferente. Ficava onde é hoje o Iraque, e o deslocamento do Mediterrâneo para a Mesopotâmia, algumas centenas de quilômetros para o leste, sinalizava novas orientações e horizontes. Bagdá foi projetada para ser uma cidade

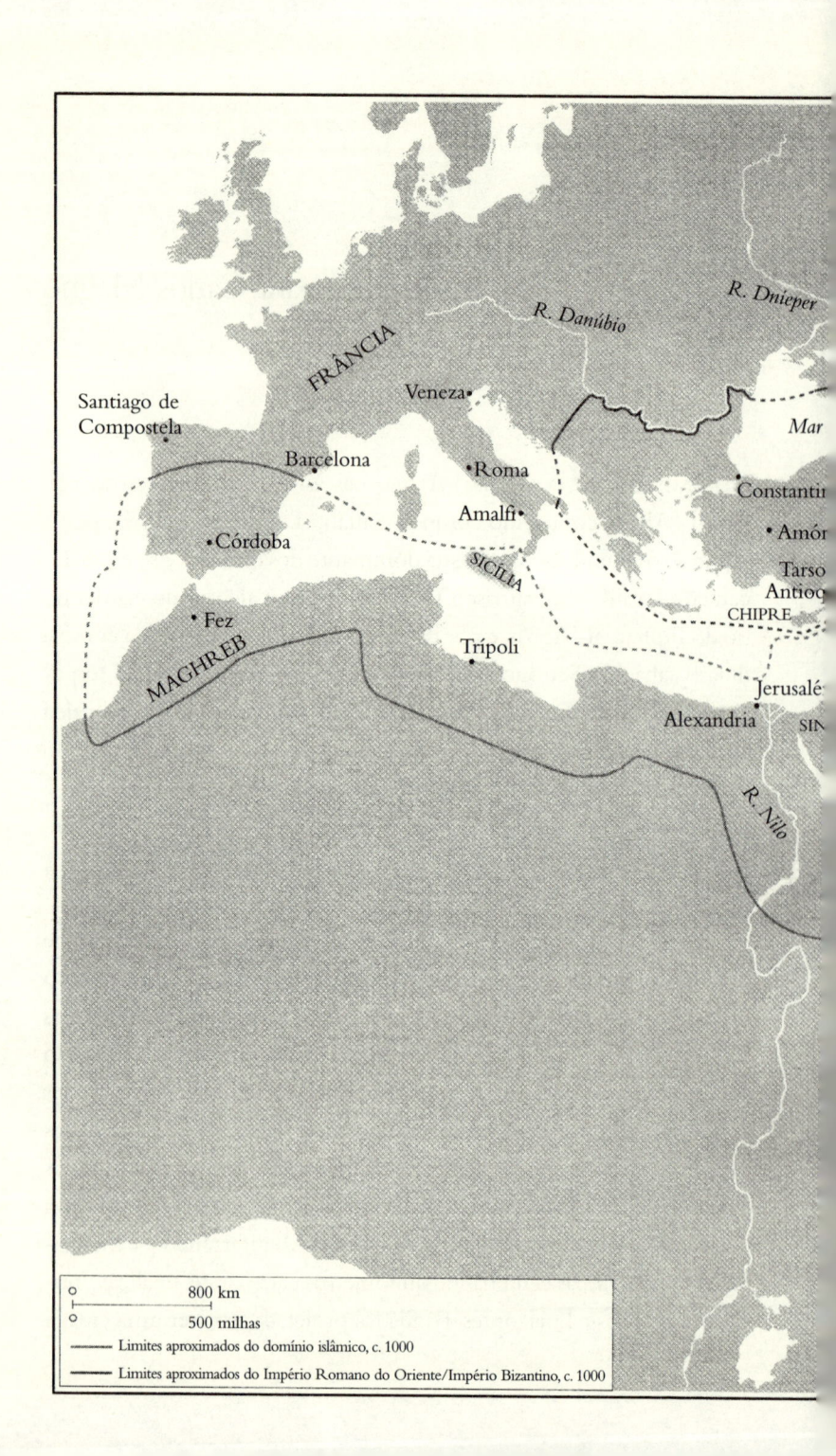

Santiago de Compostela
Barcelona
Córdoba
Fez
MAGHREB
FRÂNCIA
Veneza
Roma
Amalfi
SICÍLIA
Trípoli
R. Danúbio
R. Dnieper
Mar
Constantin
Amór
Tarso
Antioc
CHIPRE
Jerusalé
Alexandria   SIN
R. Nilo

0	800 km
0	500 milhas

—— Limites aproximados do domínio islâmico, c. 1000
—— Limites aproximados do Império Romano do Oriente/Império Bizantino, c. 1000

Mapa 2: O Mediterrâneo e o Oriente Médio, c. 1000

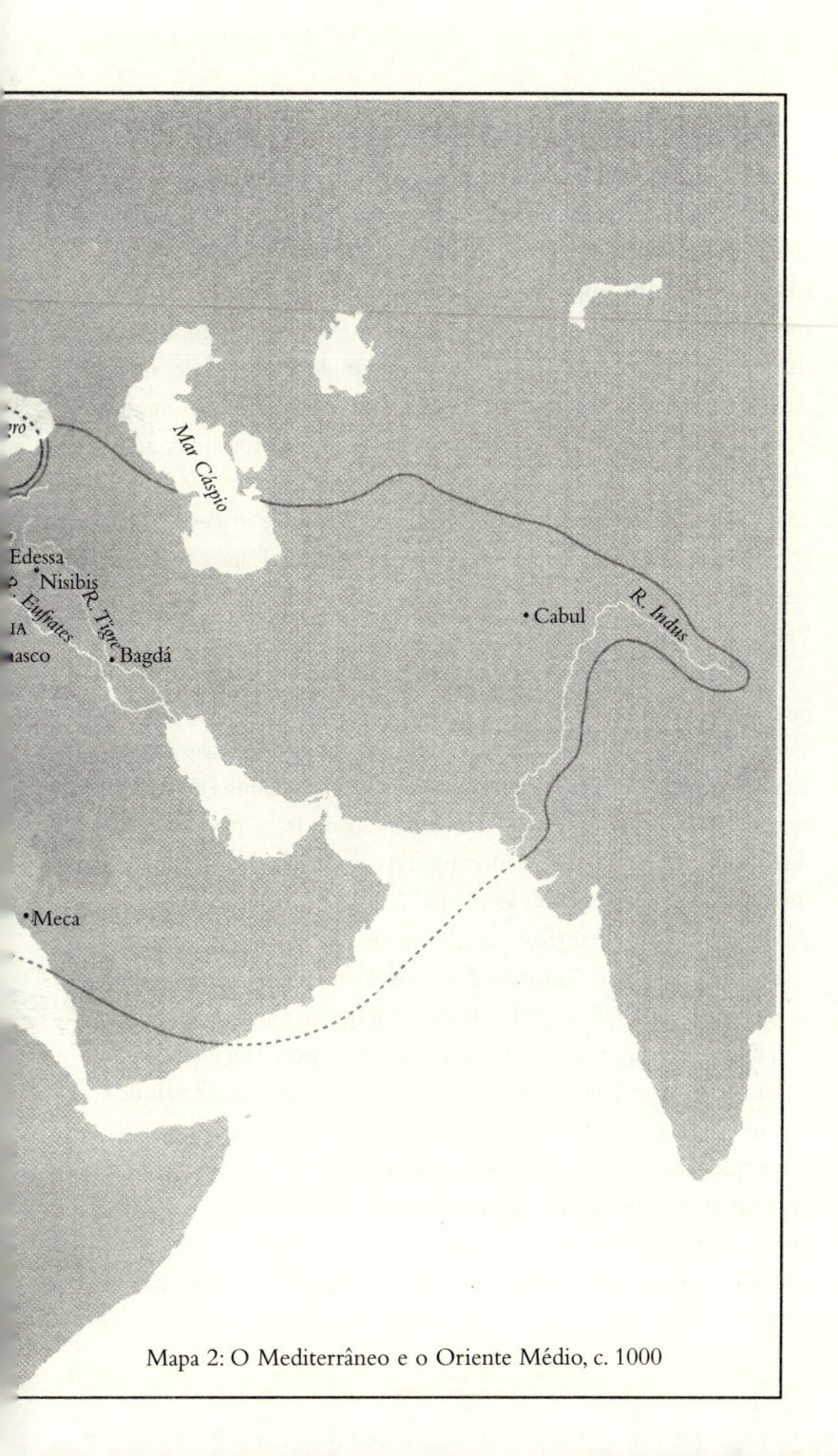

exclusivamente islâmica, que não carregava consigo as sobras de religiões e tradições anteriores. O seu núcleo, a cidade circular, construído entre 762 e 766, apesar de derivado em parte de modelos persas de planejamento urbano, foi concebido como uma afirmação cultural da autoridade islâmica e abácida: em seu coração ficava o elaborado complexo de mesquita e palácio, cercado por uma enorme extensão de jardins. Bagdá declarou-se imbuída de um tipo diferente de legitimidade, anunciou um novo estilo de dominação dentro da *umma* islâmica. O poder dos califas, fortemente concentrado na família abácida, tornou-se autocrático, exercido por meio de um exército permanente e de oficiais assalariados. O próprio soberano tornou-se distante e inacessível, encoberto por uma tela protetora de rituais palacianos. Tratava-se de um estilo de governo que devia algo às tradições teocráticas absolutistas da Pérsia pré-islâmica.

Isso não é totalmente surpreendente se considerarmos que os persas estavam afluindo à burocracia em constante expansão, instalada na nova capital. Eles tinham condições de alcançar altos postos. O mais notável exemplo durante o período inicial dos abácidas foi a família Barmakid, originária das fronteiras mais distantes ao leste do Irã, e anteriormente de fé budista, cujos membros formavam o círculo interno de ministros do governo do califa Hārūn ar-Rashīd (786-809). Não mais budistas, entretanto; haviam se tornado muçulmanos. Isso mostra um contraste com as filiações confessionais dos funcionários do período inicial, como os membros da família de João Damasceno, que se mantiveram fiéis às suas tradições religiosas. Funcionários admitidos posteriormente mostraram-se mais propensos a transferir lealdades e a abraçar a fé islâmica. Por quê? Devemos voltar a essa questão mais à frente. Por ora, basta dizer que parte da resposta se encontra no fato de que eles agora se sentiam mais bem recebidos no rebanho islâmico. Os abácidas mostraram-se culturalmente mais receptivos do que seus antecessores.

Um aspecto significativo dessa nova abertura era a disposição por parte da elite para absorver a herança intelectual do mundo antigo. Da mesma forma que o Iraque ficava no centro de uma rede comercial que se estendia por todo o Velho Mundo — do Atlântico ao Pacífico —, os estudiosos islâmicos também podiam recorrer à sabedoria acumulada e à competência da Antiguidade grega e persa, da Índia e da China. Foi o que eles fizeram, no início do período abácida, com um entusiasmo incrível. A essa fase de absorção seguiu-se uma explosão de criatividade intelectual — especialmente nas áreas da filosofia e das ciências — que teve conseqüências de longo alcance para o desenvolvimento da civilização.

Isso serve para indicar algumas das formas como a revolução abácida abriu novas perspectivas e possibilidades para o mundo islâmico. Seria possível quase falar de um novo sentido de identidade. Ser muçulmano na Bagdá de Hārūn ar-Rashīd deve ter sido uma experiência quase que inteiramente diferente da experiência de ser muçulmano nos exércitos conquistadores que, apenas um século e meio antes, lançaram-se pela primeira vez da península arábica para o Crescente Fértil que a rodeava. E o que essas mudanças sísmicas significaram para as relações com a cristandade?

Durante o período inicial dos abácidas, o impulso de conversão para o islã entre os povos subjugados ganhou velocidade. No que dizia respeito ao povo do Livro, o islã não era uma fé de proselitismos. A liderança islâmica precisava de impostos; portanto, havia um desincentivo fiscal embutido em encorajar a entrada na *umma* islâmica. É claro, muitos entre os povos dominados realmente deram esse salto. Mas para o quê? Durante o período omíada, *status*, poder e riqueza foram mantidos com todo o zelo como um monopólio da elite dos muçulmanos de etnia árabe. Os convertidos ao islã precisavam ser "adotados" por um clã, como um *mawlā* ou "dependente" (plural *mawālī*) de um guardião. Aos *mawālī* não era concedida a integralidade da admissão na *umma*, mas sim a permanência como cidadãos de segunda classe ainda submetidos a um grau de discriminação (como a financeira, por exemplo). Isso causou ressentimento e uma tensão social que acabou se tornando explosiva. Os *mawālī* descontentes, numerosos por volta da metade do século VIII, estavam entre os mais fortes defensores da revolução abácida. O advento dos abácidas deu a eles o que eles queriam: igualdade de tratamento em uma sociedade agora definida pela religião e pela cultura, mais do que pela etnicidade; uma sociedade islâmica, mais do que uma sociedade árabe.

Sua classe dominante talvez não fosse mais árabe do ponto de vista étnico, porém logo se tornaria lingüisticamente árabe. O árabe era a língua do governo e do comércio, assim como da fé; logo se tornaria a língua de uma rica e variada literatura. Preponderante do Atlântico ao Afeganistão, a língua árabe tornou-se uma das mais potentes forças unificadoras do império abácida. Outra força como essa era o comércio.

Os abácidas comandavam uma zona livre de comércio na qual mercadorias altamente apreciadas como tecidos finos, incenso e especiarias culinárias e cosméticas eram regularmente comercializadas, ao longo de distâncias bastante razoáveis, no lombo de camelos, asnos ou escravos — havia pouco tráfego sobre rodas no islã medieval. Mercadores e artesãos eram pessoas respeitadas, cujas profissões eram valorizadas e bem consideradas. As cidades que cresceram para sustentar essa rede comercial compartilhavam certas características — mesquitas, banhos, mercados, estalagens e escolas corânicas — que ajudavam o viajante a se sentir em casa, tanto em Fez quanto em Cabul. As paredes lisas das casas que alinhavam as estreitas ruas ocultavam a luminosidade e a elegância que freqüentemente se encontravam do lado de dentro, sede da calorosa solidariedade familiar, parte marcante da cultura moral islâmica. As escolas transmitiam os ensinamentos do Corão, a palavra de Deus transformada em livro, principalmente por meio do aprendizado e da recitação oral, mas também por meio da leitura. Essa era uma sociedade que valorizava a alfabetização e que tinha a caligrafia em alta conta. Uma letra boa era pré-requisito para um emprego na burocracia emergente dos califas.

Isso nos permite ter uma idéia de algumas características mais marcantes da sociedade islâmica que tomou forma sob o domínio dos abácidas. Até que ponto essa sociedade era de confissão islâmica é uma questão que os estudiosos continuam a discutir. Mudanças de crenças religiosas são notoriamente difíceis de serem catalogadas pelos historiadores. Elas tendem a ser inadequadamente documentadas e resistentes a explicações que não sejam superficiais. Há um consenso de que uma grande parte das populações nativas das terras conquistadas por exércitos islâmicos, cedo ou tarde, renunciou de fato ao cristianismo, ao judaísmo e ao zoroastrismo persa e adotou a fé islâmica de seus conquistadores. Da mesma forma, acredita-se que uma minoria — normalmente, mas não exclusivamente no campo, mais do que nas cidades ou nos subúrbios — manteve sua fé anterior. Os termos "uma grande parte" e "minoria" são lamentavelmente vagos, mas inevitáveis. Simplesmente não temos evidências em que basear uma avaliação mais precisa. Com a ressalva de que isso é apenas uma suposição, podemos arriscar dizer que algo em torno de 75% a 90% das populações nativas não-rurais na maior parte do mundo islâmico acabaram se tornando muçulmanas, e aproximadamente de 10% a 25% não.

"Acabaram se tornando" porque o ritmo de conversão parece ter sido gradual. Essa é uma outra área de incerteza. Diferentes métodos para medir a taxa de conversão foram propostos. Eles variam do abertamente impressionista — como aquele que registra as datas das seguidas obras de ampliação das principais mesquitas das cidades para que um número crescente de fiéis fosse acomodado — até os métodos estatísticos mais disciplinados, como o que foi utilizado pelo estudioso americano Richard W. Bulliet, que se baseou na alteração dos padrões de escolha de nomes como um indicador de identidade religiosa. Um cuidadoso consenso surgiu nesse contexto. Durante pouco mais de um século de domínio islâmico, em qualquer região que se apresentem, as conversões parecem ter sido poucas e lentas. Ao longo dos dois ou três séculos seguintes houve uma aceleração de ritmo, com muitas pessoas arriscando a sorte junto à nova fé. Depois disso, o gráfico de conversão se horizontalizou. No atual contexto de discussões sobre as relações entre cristianismo e islã, observa-se que na maior parte das terras islâmicas centrais (Síria, Egito, Iraque) a conversão do cristianismo para o islã esteve provavelmente em seu momento mais intenso entre c. 750 e c. 950. Nas áreas conquistadas mais tarde, como a Espanha, a época de maior intensidade seria de forma correspondente atrasada para c. 800-1000.

Os cristãos fizeram importantes contribuições para o nascimento de uma sociedade islâmica, o que é paradoxal, mas verdadeiro. Uma dessas contribuições já foi enfatizada: o papel do povo do Livro no funcionalismo público. O Estado islâmico dependia de seus esforços. Eles, por sua vez, viram-se, aos poucos, adotando características da cultura islâmica — mais obviamente a língua árabe — e incorporando suas rotinas, hábitos, vestimentas, dietas e divertimentos. Pouco a pouco, essas pessoas, pelo menos muitas entre elas, atravessariam suavemente a fronteira religiosa e abraçariam tanto a fé como a cultura do islã.

Uma outra contribuição se deu pela cooperação para apresentar à elite islâmica a cultura intelectual da Antiguidade helenística e persa. As comunidades cristãs da Síria e do norte da Mesopotâmia foram o principal veículo. O primeiro passo nessa direção foi a tradução dos ensinamentos antigos para o vernáculo sírio local. Por exemplo, Jorge "dos Árabes", um bispo na Mesopotâmia que morreu em 724, traduziu uma série de trabalhos de Aristóteles para o sírio e escreveu comentários sobre eles. O segundo passo consistiu na tradução do *corpus* sírio para o árabe. Foi uma pessoa da família Barmakid que encomendou a tradução do *Almagesto* de Ptolomeu para o árabe, disponibilizando assim para os estudiosos o mais importante trabalho de astronomia produzido no mundo antigo. Ou, ainda, Hunayn ibn Isḥāq (†873), um cristão oriental que era médico do califa abácida al-Mutawakkil, e que traduziu os trabalhos médicos de Hipócrates e Galeno do sírio e também parte do *corpus* diretamente do grego para o árabe.

Essa transmissão não foi de forma alguma planejada. Foi simplesmente impulsionada pelo desejo de uma classe islâmica — agora sedentária, rica e sequiosa de ganhar acesso ao conhecimento útil — e pela disposição dos guardiões cristãos de uma tradição intelectual em disponibilizá-la para novos pesquisadores. Na medida em que tenha havido qualquer intencionalidade, ela foi determinada pela demanda. Os benfeitores e estudiosos do islã estavam interessados em uma sabedoria prática — como a dos tratados de medicina, agricultura, botânica ou agrimensura — e em obras que os auxiliariam numa maior compreensão dos propósitos de Deus, como, por exemplo, livros sobre astronomia ou trabalhos de filosofia propriamente dita, como aqueles do grande "Aflatun" ou Platão. Essa busca tinha a sanção do próprio Profeta, que, segundo acreditam, teria dito (no Hadith, ou "Tradições"): "Vá atrás do conhecimento, até mesmo na China." Esses estudiosos não estavam interessados nos trabalhos literários, mas nos científicos ou filosóficos da Antiguidade. As *Mil e uma noites*, traduzido do persa para o árabe no século IX, talvez seja a exceção que confirma a regra. Alguns trechos de Homero também foram traduzidos do grego para o árabe, mas parecem ter despertado pouco interesse.

Nas terras islâmicas centrais do Crescente Fértil, naquele momento, cristãos e muçulmanos cooperaram produtivamente no cultivo de dois campos adjacentes e freqüentemente superpostos: os de serviços profissionais e intercâmbio intelectual. Quando discordaram, não faltaram com a cortesia. Isso está sugerido por um trabalho apologético escrito por um cristão convertido ao islã. Al-Tabarī era um burocrata cristão que foi atraído para a corte do califa, tornou-se muçulmano, escreveu alguns tratados médicos e tornou-se amigo e conselheiro dos califas em meados do século IX. Escreveu seu tratado religioso para responder às objeções dos cristãos ao islã. Identificando o caráter profético de Maomé como a questão central da controvérsia, al-Tabarī abordou o assunto com uma sensibilidade notável no que dizia respeito aos sentimentos cristãos, defendendo-o sempre que possível com citações das escrituras cristãs. Por exemplo, referências a profetas que viveram depois de Jesus (e.g. Atos 13:1) invalidavam, segundo al-Tabarī, alguns dos motivos para a rejeição cristã ao caráter profético de Maomé.

Se vocês refletirem a respeito dessas provas de profecia e realização, vão corretamente descobrir que as razões e causas pelas quais nós aceitamos o Profeta Maomé (a paz esteja com ele) são as mesmas razões e causas pelas quais vocês aceitaram Cristo e Moisés (a paz esteja com eles).[1]

Pode-se perceber aqui um contexto de discussão bem-educada entre muçulmanos e cristãos.

É comum a referência às Igrejas cristãs sob o domínio islâmico — a monofisista (ou copta), a síria e outras — como Igrejas "cativas". Nenhum rótulo poderia ser mais enganoso. Liberadas das algemas da perseguição de Constantinopla, elas floresceram como nunca, e produziram durante esse processo uma literatura espiritual rica em hinos, preces, sermões e obras de devoção. Nem todos os ramos da Igreja cristã sob a ordem islâmica desabrocharam de maneira tão exuberante quanto esses. Outros experimentaram o isolamento. As Igrejas da Núbia, nas regiões altas do Nilo, e a da Etiópia, ainda mais para o sul, conseguiram manter contato intermitente com suas Igrejas-mães, principalmente Alexandria. Com o passar do tempo, isso se provou cada vez mais difícil. A Igreja núbia viria finalmente a sucumbir, apesar de ter experimentado uma morte lenta. Na Etiópia, ao contrário, a Igreja floresceu no isolamento, desenvolvendo-se de forma marcadamente distinta. Quando visitantes portugueses chegaram ao país no começo do século XVI, encontraram uma sociedade cristã bem peculiar, diferente em suas práticas hebraicas (circuncisão, restrições alimentares, reverência à Arca da Aliança) e com uma vida monástica muito diversa daquela da Europa da época.

No norte da África, a oeste do Egito, o cristianismo desapareceu aos poucos, de uma maneira pior. Sempre intrigou os historiadores que uma Igreja cuja vitalidade pode ser sentida nos escritos de seus fundadores, como Tertuliano, Cipriano e Agostinho, tivesse se extinguido como aconteceu sob o islã. Parte da explicação pode se encontrar no fato de que o processo de conquista islâmico foi mais demorado e mais destrutivo no norte da África do que havia sido no Egito e na Síria. Isso encorajou a migração de pessoas importantes da Igreja africana para refúgios próximos na Itália ou no sul da França, onde podiam estar certos de serem bem recebidos. (É importante lembrarmos que a migração não era uma opção para os "hereges" das Igrejas do Oriente, como João Damasceno; eles tinham de ficar e florescer onde estavam, porque para eles o Império Romano do Oriente não era refúgio.) A migração levou alguns a lugares distantes e inesperados. Um monge africano chamado Adriano foi arrancado de um refúgio próximo a Nápoles e designado abade de uma comunidade na Cantuária. A escola que comandou lá, por mais ou menos quarenta anos, realizou um trabalho muito valioso ao apresentar a jovem Igreja inglesa aos ensinamentos da cristandade mediterrânea.

Outra parte da explicação está no fato de que o norte da África tinha menos a oferecer ao islã do que o cristianismo do Oriente Médio. Cartago simplesmente não possuía os recursos intelectuais de Alexandria, Edessa ou Nisibis. E, de fato, no lado muçulmano havia provavelmente bem menos interesse local ou receptividade a esses recursos. Nos séculos VIII e IX, o Maghreb e a Espanha eram o oeste selvagem do mundo muçulmano — fronteiras turbulentas, impermeáveis ao aprimoramento intelectual.

O luxo da convivência razoavelmente pacífica desfrutada por aqueles como Hunayn ibn Isḥāq e seu superior, o califa, soaria incompreensível e ofensivo para as classes dominantes da cristandade propriamente dita, isto é, a área sob domínio secular cristão no que restava do Império Romano e nos reinos germânicos da Europa Ocidental, caso elas tivessem sabido a respeito. Para estes, o islã se apresentava, antes de mais nada, como uma ameaça militar. O Império Romano do Oriente, ou, como nós agora podemos começar a chamar, o Império Bizantino, esteve ameaçado de forma mais aguda entre 650 e 850, notadamente nos dois traumatizantes cercos a Constantinopla em 674-678 e 716-718. Os muros da cidade salvaram o Império nessas duas ocasiões. Em outras, diferentemente, a cidade deveu sua sobrevivência aos seguintes fatores: as barreiras de montanhas da Cilícia (situadas no que é hoje o leste da Turquia); a resistência profissional obstinada, por terra e por mar; a infra-estrutura herdada de uma tributação eficiente; e a confiança nascida de um sentido de identidade romano-cristã cultivado pela Igreja. A transferência da sede dos califas de Damasco para Bagdá sinalizou uma virada em direção ao Oriente por parte dos círculos dominantes do islã. Como eles não estavam mais voltados para o Mediterrâneo, sua decisão de esfacelar o Império começou a dar mostras de enfraquecimento. Entretanto, levaria um bom tempo até que voltasse a haver segurança. Ainda em 838, exércitos islâmicos invadiram a Ásia Menor. O imperador Teófilo perdeu uma batalha e quase a própria vida. Com isso, a importante cidade de Amório foi saqueada, e hordas de prisioneiros foram levadas até a Síria — os poderosos à espera de resgate; as tropas, para a escravidão perpétua. Somente a partir da segunda metade do século IX poderia o Império Bizantino, àquela altura não mais uma superpotência, começar a se sentir seguro. Contudo, apenas no século X pôde partir novamente para a ofensiva, numa *reconquista* romano-oriental sob o domínio de imperadores-soldados como Nicéforo Focas e João Zimiskes, que trariam a soberania cristã de volta a lugares como Tarso, Chipre e Antioquia.

A perspectiva também era sombria no Mediterrâneo central. A conquista islâmica da Sicília começou em 827. Roma foi atacada em 846. Por uma geração, entre 843 e 871, os muçulmanos tiveram um pequeno ponto de apoio no continente, em Bari da Apúlia, de onde podiam lançar ataques na costa adriática da Itália e da Dalmácia. Expulsos de Bari, logo adquiriram uma outra base no continente, na costa oeste, perto de Nápoles, e a mantiveram até 915. Uma vez garantido o domínio muçulmano da Sicília, as regiões marítimas da Calábria foram repetidamente atacadas. Essas investidas à Itália eram trabalho de piratas independentes, oportunistas em busca do que fosse possível, e não operações dirigidas pelo Estado. Em retrospectiva, podemos ver que era improvável qualquer presença islâmica duradoura no continente. Mas uma visão reconfortante como essa não estava disponível para as pessoas daquela época, que foram tão completamente desmoralizadas por esses predadores vindos do mar quanto o foram seus companheiros cristãos do norte pelos *vikings*. Com certeza, resistir a esses inimigos era trabalhar por Deus. O papa Leão IV, pedindo ajuda contra os sarracenos em 853, disse que qualquer um que perdesse a vida naquele conflito iria para o céu.

O único sobrevivente da aniquilação sangrenta da família Omíada por as-Saffāh conseguiu, apesar dos perigos, chegar até a Espanha — invariavelmente chamada "al-Andalus" em documentos árabes* —, onde estabeleceu um principado islâmico independente, baseado em Córdoba, controlado por seus descendentes até o século XI. Eles mantiveram uma pressão razoavelmente constante sobre seus vizinhos cristãos: os remanescentes do reino visigodo que haviam se refugiado no noroeste e, no nordeste, na Catalunha, a fronteira sul do império franco de Carlos Magno. Por vezes a pressão se tornou intensa. Perto do final do século X, foram atribuídas a um soberano de al-Andalus 57 campanhas militares contra os cristãos em 21 anos. Isso incluiu um ataque a um dos mais sagrados santuários da cristandade no Ocidente, a tumba do apóstolo são Tiago, em Santiago de Compostela, em 997.

Nem o sul da Gália foi poupado. Em finais do século IX estabeleceu-se em La Garde-Freinet, entre Toulon e Cannes, perto de Saint-Tropez, um ninho de piratas que durou mais ou menos uns oitenta anos. Seus saques atingiram navios costeiros, os vales alpinos e a bacia do Ródano. Seu mais ilustre troféu foi o abade Mayeul, do grande

---

* O nome al-Andalus há muito tempo tem intrigado historiadores e filólogos. A derivação de uma frase árabe, talvez originária do berbere, que significa "terra de vândalos", parece provável. Os vândalos eram invasores germânicos do Império Romano do Ocidente que atravessaram a Espanha no começo do século V e acabaram controlando um reino sub-romano no norte da África.

mosteiro de Cluny, na Borgonha, capturado enquanto atravessava os Alpes a caminho de casa, vindo de Roma. Seus raptores exigiram quinhentos quilos de prata pela sua libertação e foram atendidos, depois que os monges de Cluny derreteram toda a prataria da igreja. Os piratas de La Garde-Freinet só foram finalmente expulsos em 972.

Em todo o mundo mediterrâneo, portanto, a cristandade estava na defensiva. A ameaça não era apenas militar, fosse por meio dos exércitos dos califas na Turquia ou dos seqüestradores sem controle na Provença. Durante essa mesma época, como já vimos, o ritmo das conversões ao islã estava se acelerando. Os líderes cristãos podiam notar suas congregações minguando de um domingo para o outro; sempre uma experiência desagradável. Por acaso, temos testemunhos das preocupações de duas comunidades cristãs em pontas opostas do Mediterrâneo, em meados do século IX. A primeira diz respeito aos chamados cristãos moçárabes do sul da Espanha, sendo o nome "moçárabe" — derivado de uma palavra árabe que significa "arabizado" — empregado para cristãos que viviam sob o domínio islâmico na Espanha. Durante os anos 850, uma série de cristãos em Córdoba, sede da autoridade omíada em al-Andalus, e grupos menores por toda a parte insultaram o islã de forma deliberada e pública, e receberam a pena capital que a *sharia*, a lei religiosa do islã, prevê para essa ofensa. Reações à morte deles dividiram as comunidades cristãs em al-Andalus. Em alguns lugares eles foram aclamados como mártires; em outros, seu sofrimento foi encarado como um martírio espúrio, porque haviam buscado a morte voluntariamente. Obras foram escritas em sua defesa e chegaram até nós. Elas projetam providenciais fachos de luz sobre o espírito das comunidades moçárabes. O padre Eulógio, ele próprio martirizado em 859, e seu amigo Paulo Álvaro, os autores desses trabalhos, eram cristãos que evidentemente pertenciam a uma tendência mais enérgica ou "comprometida", preocupada com a lenta migração dos seus em direção à fé e à cultura islâmica. As informações fortuitas que eles fornecem a respeito dos mundos da família e do trabalho invocam um contexto crível de compromissos religiosos bastante fluidos, no qual pressões cotidianas de todo o tipo impeliam os cristãos em direção ao islã. Vejamos o caso do rapaz chamado Isaac, a primeira vítima a ser executada em Córdoba, em 851. Isaac pertencia a uma próspera família cristã da cidade. Recebera uma boa formação e falava o árabe com fluência. Suas habilidades lhe asseguraram um cargo no serviço público, onde rapidamente alcançou posições elevadas. Nesse momento, Isaac experimentou uma vocação religiosa, demitiu-se do trabalho e se tornou um monge num mosteiro próximo. Lá ele veio a sentir que era seu dever dar testemunho de sua fé, desafiando o islã. Requisitou uma audiência com o *qādi*, ou juiz religioso, de Córdoba, aparentemente com a finalidade de receber instruções sobre a fé do islã. No presente contexto, o que interessa é que o *qādi* considerou que aquilo era uma questão de rotina: evidentemente, pedidos como esse eram freqüentes. Na hora, Isaac denunciou com violência o islã e sofreu a punição que a lei islâmica prevê para essa ofensa. Ou então tomemos o caso das irmãs Alodia e Nunilo, nascidas não em Córdoba, mas ao norte, na cidade de Huesca, na base dos Pireneus. Elas eram filhas de um casamento misto entre um muçulmano e uma cristã. O pai havia permitido que a mãe educasse as crianças como cristãs. Depois da morte dele, a mãe casou-se de novo, mais uma vez com um muçulmano. O segundo marido mostrou-se menos compreensivo, e a mulher mandou as filhas para junto da tia cristã, a fim de que fossem protegidas e para que sua fé não fosse ameaçada. Entretanto, um vizinho que era inimigo da família denunciou as irmãs às autoridades como apóstatas do islã. Presas, a elas foram prometidos todos os tipos de incentivos, como por exemplo ajuda em arranjar casamentos vantajosos, caso elas renunciassem ao cristianismo. Diante da recusa, foram decapitadas em público.

Portanto, as pressões cotidianas para seguir o islã podiam vir da vizinhança, do matrimônio, da necessidade de apadrinhamento ou emprego ou da pressão dos companheiros na juventude. Esses tipos de impulso para a conversão são comuns em outros contextos históricos. A conformidade com um sistema dominante é confortável e vantajosa. Pode até ser trivial, mas é absolutamente humana. Os mais fanáticos ficavam ultrajados com isso, sentiam a si próprios e a sua cultura cristã, sua identidade, ameaçados. Em uma comunidade em particular, o mosteiro de Tabanos, vizinho a Córdoba, sentimentos de ansiedade e indignação parecem ter sido provocados ao máximo. Essa mistura explosiva acabou por ferver e transbordar. Foi de Tabanos que muitos dos mártires surgiram, escolhidos por Deus, como eles tragicamente acreditavam, para dar testemunho de fé perante um mundo que estava traindo essa fé e a eles próprios.

Mais ou menos na mesma época desses acontecimentos na Espanha, um monge anônimo num mosteiro palestino escrevia, em árabe, um trabalho em defesa do cristianismo. Os inimigos que ele especificamente identificou em seus capítulos iniciais eram pessoas da comunidade cristã de sua época que ele considerava dissimuladas.

Escondem sua fé e divulgam a eles [i. e. muçulmanos] o que lhes convém (...) Eles se desviam do caminho que leva ao reino dos céus (...) hipócritas entre nós, marcados com a nossa marca, participantes de nossa congregação, contradizendo nossa fé, perdedores de si mesmos, são cristãos apenas no nome.[2]

A situação religiosa visualizada era evidentemente similar àquela assumida nos escritos de Eulógio e Paulo Álvaro. Na Palestina, assim como na Espanha, o cristianismo estava sendo enfraquecido pela deserção, diluído pela hipocrisia. E os cristãos das duas regiões sabiam uns dos outros. Jorge, um monge de São Sabas — onde João Damasceno havia residido —, fez uma visita ao sul da Espanha. Sabemos a respeito dele apenas porque se juntou aos fanáticos e foi com eles executado em 852. Da mesma forma, podem ter havido outros como ele de quem nós não sabemos coisa alguma. Cristãos ansiosos podiam compartilhar suas preocupações, comparar anotações, discutir possíveis estratégias de ação.

Não é difícil entender como um ambiente monástico, fosse em São Sabas ou em Tabanos, pudesse promover um fervor religioso especialmente intenso. Cristãos que viviam no mundo exterior, entretanto, podiam considerar que uma acomodação prudente fosse aconselhável — embora puristas possam condenar isso como traição. Essa parece ter sido a atitude do veterano bispo moçárabe em al-Andalus, Recafredo de Sevilha, que imediatamente condenou os "mártires" de Córdoba como falsos, por serem voluntários. Foi para se opor a críticos como esses que Eulógio e Paulo Álvaro escreveram suas polêmicas obras. Deixando de lado a bela questão de definir martírios genuínos, fanáticos podiam acusar Recafredo e os que pensavam como ele de serem arabizantes, colaboradores da autoridade islâmica. Nós não temos a resposta de Recafredo para uma acusação como essa, mas ele poderia plausivelmente ter alegado que, sendo conciliador, estava agindo no melhor interesse de seu rebanho, evitando possíveis perseguições. Há questões morais difíceis e eternas a serem ponderadas aqui.

Um século após os martírios em Córdoba, os mesmos dilemas persistiam. Na altura da metade do século X, houve diversas missões diplomáticas entre a corte de Oto I da Alemanha e a de Córdoba. (O objetivo dessas missões pode ter sido organizar uma ação conjunta contra os piratas de La Garde-Freinet; com que sucesso não sabemos.) Uma dessas missões, em 953, foi liderada por um proeminente monge germânico, João, da abadia renana de Gorze. Em seu destino ele encontrou outro cristão chamado João, um bispo, presumivelmente de Córdoba. Esse bispo espanhol explicou ao visitante como os cristãos de al-Andalus conseguiam sobreviver:

> Considere as condições sob as quais vivemos. Fomos levados a isso por nossos pecados, para sermos submetidos ao domínio dos pagãos. Somos proibidos pelas palavras do Apóstolo a resistir ao poder civil.

Apenas um consolo nos resta, que nas profundezas de uma calamidade tão grande como essa eles não nos proíbam de praticar nossa própria fé (...) Por enquanto, então, nós seguimos o seguinte conselho: desde que nenhum mal seja feito à nossa religião, nós lhes obedecemos em todo o resto, e cumprimos suas ordens em tudo que não afete nossa fé.³

João de Gorze ficou chocado com o que ele considerou covardia, e estava pronto para o confronto:

> Um tanto irritado, João de Gorze respondeu: "Seria apropriado para alguém que não o senhor, um bispo, proferir tais sentimentos. Sua elevada hierarquia deveria tê-lo feito um defensor da fé (...) Nunca poderia eu aprovar que as leis divinas fossem transgredidas por medo ou por amizade (...) Mesmo que eu aceite que o senhor, coagido pela necessidade, se alinhe com eles, eu, pela graça de Deus livre dessa necessidade, não vou de jeito algum ser desviado por qualquer medo ou tentação ou privilégio (...) Nem em nome da própria vida fugirei da tarefa de dar testemunho da verdade.⁴

Felizmente para ele, foi persuadido a desistir dessa postura impetuosa, e sua missão acabou por ser levada a termo satisfatoriamente, não porém sem altos e baixos adicionais. Nossa autoridade a respeito disso é o biógrafo de João de Gorze, que escreveu pouco tempo depois de sua morte com o objetivo de publicar as pretensões de seu abade à santidade. Não devemos esperar que um hagiógrafo minimize o heroísmo cristão de seu biografado. Em outras palavras, o relatado encontro entre os dois Joões pode não ser completamente verdadeiro em cada detalhe. Mas o contexto geral é certamente convincente. Os cristãos moçárabes de al-Andalus formavam um grupo amedrontado e um tanto tímido. Basta lembrar que um século de avanço constante de conversão ao islã havia transcorrido desde o tempo de Eulógio. Visitantes da cristandade além dos Pireneus eram incisivos e desafiadores, sendo exaltados por isso por seus companheiros cristãos locais: algo como um portento.

No início do período medieval, a cristandade ocidental desenvolveu-se de forma completamente diferente da emergente sociedade do islã sob os abácidas. O *Dār al-Islām* era um mundo de cidades ligadas por comércio regular; já a economia do Ocidente era predominantemente agrária. As cidades eram pequenas e distantes umas das outras, o comércio era na maior parte (mas não exclusivamente, como logo veremos) local e de pequena escala. O mercador não era uma figura de peso ou prestígio na sociedade. A infra-estrutura do que havia um dia sido a ordem romana — sistema legal unificado, tributação, burocracia, exército permanente — havia definhado na obscuridade. O Estado franco sob Carlos Magno (768-814) era extenso e poderoso, mas em comparação com o Império abácida governado por seu contemporâneo Hārūn ar-Rashīd era como um peixinho de água doce diante de uma baleia. E funcionava de um modo completamente diferente. O poder real baseava-se, em última análise, na lealdade e cooperação de uma indisciplinada aristocracia militar, formada por grandes famílias proprietárias de terras que dominavam suas regiões com um mínimo do que reconheceríamos como governo. A alfabetização não se estendia muito além do clero (e mesmo assim era mínima nos níveis hierárquicos mais baixos): ler e escrever não eram habilidades altamente consideradas como no mundo islâmico. O conhecimento científico e filosófico da Antiguidade clássica havia sido quase que inteiramente esquecido, como também a língua grega no qual fora transmitido. Esse conhecimento foi substituído por uma cultura intelectual baseada principalmente na Bíblia e nos padres latinos da Igreja, como santo Agostinho. Tratava-se de uma cultura voltada para si mesma, retrógrada e profundamente conservadora. Não é de espantar que muçulmanos da era abácida demonstrassem tão pouco interesse pela cristandade latina ou ocidental: ela não tinha nada de óbvio para oferecer a eles. A postura de menosprezo de um viajante e geógrafo do século X, Ibn Hawqal, era típica: a França, ele registrou, era uma excelente fonte de escravos; era tudo que havia para ser dito a respeito.

Isso não significa que não houvesse interação entre a cristandade e o *Dār al-Islām*. Pelo contrário, tal interação era não só mais intensa como diferente do que havia sido na era omíada anterior. Para começar, havia relações diplomáticas. Carlos Magno e Hārūn ar-Rashīd estiveram em contato por volta do ano 800 — um ano significativo, no qual Carlos Magno foi coroado imperador em Roma, no dia de Natal. O gesto do califa de presentear o soberano franco com um elefante de nome Abu-l-'Abbās (em homenagem ao fundador de sua dinastia), pode muito bem ter conexão com esse acontecimento, visto que os elefantes haviam sido, por muitos séculos, símbolo de autoridade no Oriente Próximo. A exótica criatura, chegada à Itália via Tunísia, em 801, estabelecia um tênue elo entre duas culturas que não poderiam ser mais díspares. Pode-se imaginar que Abu-l-'Abbās tenha marchado majestosamente até a residência principal de Carlos Magno em Aachen, na Renânia, onde sobreviveu por provavelmente nove desconfortáveis anos: um personagem importante o suficiente para que sua morte tivesse sido registrada nos anais oficiais do ano 810.

Negociações para a libertação de prisioneiros de guerra eram oportunidades freqüentes de relacionamento diplomático. Logo no começo do século X, por exemplo, são Demetriano de Chipre foi enviado a Bagdá numa missão dessa natureza, com cartas de recomendação do patriarca de Constantinopla, Nicolau Místico, para "o melhor dos meus amigos",[5] o califa abácida. É essa a linguagem da diplomacia. Funcionários em Constantinopla mantiveram registros de trocas diplomáticas e arquivos dedicados aos povos vizinhos e à maneira de lidar com eles. As falhas na coleta de informação ocorridas no século VII não deveriam se repetir. Um compêndio do século X contendo seleções de documentos como esses, realizado sob a orientação do erudito imperador Constantino Porfirogeneto, existe até hoje — uma tentadora amostra do que os arquivos imperiais perdidos contiveram um dia.

Quando são Demetriano foi mandado para Bagdá, sua terra natal, o Chipre, havia estado sob o domínio islâmico por mais ou menos dois séculos e meio. Demetriano devia ser fluente em árabe para ser qualificado para essa missão. Da mesma forma, as autoridades islâmicas empregaram clérigos cristãos com conhecimento de latim em missões junto aos soberanos cristãos. A visita de João de Gorze a al-Andalus foi retribuída pelo envio de um clérigo chamado Recemundo de Córdoba à corte de Oto I da Alemanha. Recemundo era bispo moçárabe de Elvira (mais tarde Granada), no sul da Espanha, e uma importante figura na vida intelectual de al-Andalus.

Viajar era fácil no mundo islâmico unificado lingüística e culturalmente sob o domínio dos abácidas. Um homem como Ibn Hawqal podia viajar grandes distâncias, tanto dentro do *Dār al-Islām* como fora. Suas viagens levaram-no, inclusive, a realizar a perigosa travessia do Saara por terra, em direção ao sul, até o vale do Níger, de onde se extraía ouro. Contudo, viajantes como ele nunca se aventuravam pela cristandade. (Negociantes às vezes o fizeram, como iremos ver.) Eles simplesmente não estavam interessados no que poderiam achar lá. De muitas maneiras, o mundo do islã no período abácida era auto-suficiente. Os lugares sagrados muçulmanos, por exemplo, ficavam dentro do *Dār al-Islām*: o peregrino que ia para Meca não tinha de sair dele. Para os cristãos, por outro lado, o mais sagrado dos lugares encontravase agora fora da cristandade. Ao longo desses séculos, um fluxo tênue, porém contínuo, de peregrinos chegava a Jerusalém e a outros lugares sagrados da Palestina. Alguns desses peregrinos, bem poucos, deixaram relatos de suas viagens que chegaram até nós. Normalmente se ocupavam apenas em relatar a topografia sagrada. Entretanto, ocasionalmente, alguns desses relatos continham reações ao mundo com o qual os peregrinos se deparavam naquele momento. Um bispo franco chamado Arculfo foi um dos primeiros — ele visitou as terras do Mediterrâneo oriental nos anos 670. No Egito, observou crocodilos no Nilo e, ao recordar sua tentativa de atravessar Alexandria a pé num único dia, nos deixou uma vívida imagem das enormes dimensões daquela cidade. Nenhuma carroça, visão tão comum em sua Gália natal, seria vista na Palestina: camelos realizavam todo o transporte. Em Damasco, "os infiéis sarracenos" haviam construído eles mesmos "uma nova igreja",[6] conhecida por nós como a Grande Mesquita omíada. O navio de Arculfo foi desviado de seu curso no caminho de volta, em algum lugar diante da costa da Gália no Atlântico, e ele foi acabar, depois de várias aventuras, no mosteiro de Iona, na costa oeste da Escócia. Foi enquanto permaneceu em Iona que ditou os relatos de suas peregrinações para um escriba monástico. O que é notável nessa e em outras descrições é a falta de interesse demonstrada a respeito da cultura religiosa islâmica. Em geral, os cristãos se interessavam tão pouco pelo islã quanto os muçulmanos pelo cristianismo.

Não era esse o tipo de interação que fundamentava o processo de difusão cultural. Artistas e artesãos cristãos puderam trabalhar nas primeiras construções religiosas islâmicas, como a mesquita que Arculfo viu em Damasco ou o Domo da Rocha em Jerusalém, instruindo seus novos senhores nas técnicas de esculpir em pedra e fazer mosaicos. Um escritor do século XII registrou a crença de que o califa al-Walīd I (705-715) havia pedido ao imperador em Constantinopla que mandasse a ele 12.000 artesãos para trabalharem na mesquita de Damasco: o número pode ser exagerado, mas a história subjacente é crível. Outras técnicas transitaram de um lado para o outro, apesar de raramente sermos capazes de identificar os técnicos. Vejamos o caso do temido "fogo grego", ou, como Constantino Porfirogeneto denominou, "o fogo líquido que é descarregado através de tubos" — era provavelmente derivado de petróleo — cujo segredo, ele declarou, havia sido revelado por Deus por intermédio de um anjo para o Grande Constantino, com recomendações expressas de que "deveria ser manufaturado entre cristãos apenas, na cidade por eles governada [i. e. Constantinopla], e em absolutamente nenhum outro lugar. Não deveria também ser enviado nem ensinado a qualquer outra nação".[7] Uma versão mais prosaica sustentava que havia sido inventado no Líbano por um engenheiro do século VII chamado Calínico, que fugiu do islã para o Império Bizantino trazendo sua fórmula. Se as autoridades realmente tentaram manter a fórmula em segredo, não tiveram sucesso por muito tempo. Na mesma época em que Constantino Porfirogeneto registrava sua informação por escrito — incluindo uma lição de moral sobre o destino adequado para um funcionário que havia sido subornado para liberar o segredo (consumido pelo fogo do céu) —, comandantes navais islâmicos há muito tempo já estavam familiarizados com essas pirotecnias. O fogo grego se tornou "um acessório padrão do arsenal de um navio de guerra"[8] no século X, tanto para cristãos quanto para muçulmanos.

Um exemplo mais modesto de difusão da cristandade para o *Dār al-Islām* é fornecido pela sandália com sola de cortiça. Esse foi um tipo de calçado desenvolvido no período romano na Espanha, que empregava a casca do carvalho-cortiça. (A palavra "cork"* é provavelmente derivada indiretamente do latim *quercus*, "carvalho".) Depois da conquista muçulmana da Espanha, a moda desses calçados leves, duráveis, confortáveis e baratos foi adotada pelos conquistadores e se espalhou em direção ao leste pelo norte da África, até o coração das terras islâmicas. Quatorze séculos mais tarde, ainda está entre nós.

De numerosos exemplos de transmissão de técnicas em outra direção, do *Dār al-Islām* para a cristandade, podemos citar três, simples mas de importância crucial. Uma é a técnica de captação de água para fins de irrigação utilizando uma máquina de tração animal chamada em árabe de *saqiya*. O animal — asno, mula ou camelo — é amarrado a uma barra de tração, que gira uma roda. Por meio de uma simples engrenagem, essa roda por sua vez gira uma outra roda que é disposta verticalmente sobre a fonte de água. Essa roda vertical tem fixados ao

---

* Cortiça, em inglês. (N.T.)

longo de sua circunferência potes que se enchem e esvaziam enquanto ela gira, descarregando o conteúdo em um tanque de armazenamento a partir do qual a água pode ser distribuída. A construção e a manutenção não são complicadas; a economia de trabalho humano é imensa. A *saqiya* era conhecida nas terras do Mediterrâneo oriental no período pré-islâmico, mas sua ampla difusão ocorreu mesmo com o islã. Provavelmente conhecida na Espanha na altura do século IX, a *saqiya* foi discutida por autores de agronomia da Andaluzia do século XI, que recomendaram o uso de madeiras rijas como a oliveira na roda vertical ("coroa de potes") e de um orifício nos potes para evitar o rompimento causado pela força da água. Um poeta andaluz do século XII chegou a celebrar as rodas d'água em verso. Os cristãos da Espanha adotaram essa tecnologia de seus vizinhos muçulmanos, ou se apossaram dela quando reconquistaram territórios muçulmanos. Muito do vocabulário de hidráulica, no espanhol moderno, é derivado do árabe.

Um segundo exemplo é o ábaco. Essa simples ferramenta tecnológica para auxiliar em cálculos matemáticos havia sido conhecida em todo o mundo antigo, do Império Romano à China. No início da era medieval, informações a respeito do instrumento haviam desaparecido no Ocidente. Sua reintrodução pode, como não é comum, ser datada e atribuída com segurança. Nos anos 960, um jovem clérigo francês chamado Gerberto de Aurillac passou algum tempo estudando na Catalunha. Ao voltar para a França, estabeleceu-se por alguns anos em Reims, onde se tornou célebre como professor de matemática. Em carta a um amigo, em 984, ele pediu emprestado "um pequeno livro, *On the Multiplication and Division of Numbers* [Sobre multiplicação e divisão de números], de José, o Espanhol".[9] O termo *Hispanus*, "o Espanhol", indicava naquela data um imigrante recente de al-Andalus, Espanha muçulmana, e não apenas qualquer habitante da península ibérica. José, o Espanhol era, portanto, um cristão ou judeu imigrante do sul muçulmano, que trouxe consigo seu conhecimento e a cujos tratados de matemática Gerberto teve acesso enquanto estudava na

Catalunha. O próprio Gerberto escreveu um livro didático sobre o ábaco, muito provavelmente baseado no trabalho perdido de José. Durante o século XI, o conhecimento do ábaco foi difundido na cristandade do Ocidente, tornando possível ali pela primeira vez a realização de cálculos rápidos e exatos. Quando o abade Odilon de Cluny — sucessor de Mayeul, que havia sido capturado em La Garde-Freinet — estava em seu leito de morte, em 1049, quis saber quantas missas havia celebrado em seu longo abadessado de 55 anos: o abacista do mosteiro estava disponível para realizar o cálculo.

Um terceiro e último exemplo é o papel. Fontes islâmicas alegam que os segredos da técnica de fazer papel foram arrancados de prisioneiros de guerra chineses capturados em Samarcanda, depois de uma batalha no início do período abácida. Seja essa história verdadeira ou não, o certo é que o papel estava sendo produzido em Bagdá antes do fim do século VIII, e que a difusão da tecnologia de lá até a Síria, o Egito e o norte da África pode ser acompanhada ao longo dos mais ou menos dois séculos seguintes. Entre os vários tipos de papel listados por um enciclopedista de tecnologia, havia um tipo leve especial conhecido como "papel de passarinho", porque era fino o suficiente para ser mandado por pombo-correio; trata-se do primeiro papel aéreo de que se tem conhecimento. Em al-Andalus a cidade de Játiva, perto de Valência, tornou-se o mais importante centro manufatureiro de papel. O conhecimento da técnica espalhou-se para a Espanha cristã. Produzia-se papel na Catalunha por volta do século XII (o mais tardar). Em 1196, testemunhas em Barcelona puderam declarar sem surpresa que o testamento de um funcionário público recém-falecido havia sido copiado, presumivelmente junto com outras documentações pessoais, em "um certo livro de papel (*libro de paperio*)".[10] Depois que o rei Tiago I de Aragão conquistou Játiva, em 1244, a indústria de papel lá permaneceu sob proteção do rei, o que permitiu que a chancelaria real passasse do pergaminho para o papel como seu principal material de escrita.

Essas técnicas, e muitas outras, foram encontradas pelos árabes no decorrer de suas conquistas, adotadas e difundidas dentro do mundo islâmico e subseqüentemente exportadas para a cristandade. O mesmo padrão de difusão se aplica à assimilação de conhecimentos da Antiguidade por meio de livros. Como já vimos neste capítulo, a transmissão do conhecimento do grego, via sírio, para o árabe avançava num ritmo rápido durante os séculos VIII e IX. Dois processos associados ocorreram então. Um foi a extensão e elaboração desse *corpus* de conhecimento pelos homens instruídos do islã. O outro foi sua difusão em todo o *Dār al-Islām*.

Três nomes podem ser escolhidos entre muitos para ilustrar a fase de expansão e elaboração. Al-Kindī (c. 800-867) foi o primeiro grande filósofo a surgir no mundo islâmico. Funcionário público de alta posição em Bagdá e conselheiro da família do califa, ele escreveu a respeito de toda uma gama de assuntos — entre muitos outros, matemática, astronomia, astrologia, química, metalurgia e sonhos. Como pensador, entretanto, o que justifica sua notoriedade é ter sido um dos primeiros dentro do islã a refletir sobre a questão da relação entre filosofia grega, especificamente a aristotélica, e revelação, na forma expressa no Corão, tentando harmonizá-las parcialmente.

Ibn Sīnā, conhecido no Ocidente como Avicena (980-1037), era um outro *habitué* das cortes e conselheiro de príncipes, apesar de viver em tempos mais conturbados do que al-Kindī e de ter uma carreira bem turbulenta. Como filósofo, interessava-se pelos mesmos eternos problemas do conflito entre as exigências da razão e da revelação. Seu principal trabalho, o *Kitāb ash-Shifā*, "O livro da cura [da ignorância]", era um tipo de enciclopédia de filosofia, organizada sob os tópicos de lógica, física, matemática e metafísica, recorrendo extensamente a Platão, Aristóteles e aos neoplatônicos. Ibn Sīnā destacou-se igualmente como médico, trabalhando a partir de tratados médicos da Antiguidade como os resumidos nos escritos de Galeno. Seu *al-Qānūn* [Cânon da medicina] permaneceu como um livro didático padrão de medicina por séculos depois de sua morte.

Contemporâneo de Ibn Sīnā, al-Bīrūnī (973-1048) era um homem de conhecimentos e habilidades científicas formidáveis. Em sua condição de conselheiro principesco, viajou pela Índia, onde aprendeu sânscrito. Isso possibilitou que tivesse o importante papel de transmitir aos seus companheiros muçulmanos os ensinamentos do hinduísmo, particularmente por intermédio do seu enciclopédico *Kitāb al-Hind* [Livro da Índia]. Além disso, produziu trabalhos a respeito de tópicos como astronomia, botânica e farmacologia. Al-Bīrūnī descreveu aproximadamente cinco vezes mais plantas medicinais que Dioscórides, o grande farmacologista da Antiguidade, mil anos antes. Isso demonstra o quanto os homens de ciências islâmicos superaram seus antecessores.

Em 1018, al-Bīrūnī, um habilidoso inventor de instrumentos científicos, escolheu locais de referência perto da Islamabad moderna, com base nos quais calculou o raio e a circunferência da Terra com precisão impressionante: respectivamente 15 e 200 quilômetros de diferença dos valores estimados atualmente.

A difusão cultural dentro do mundo islâmico é mais uma vez perfeitamente ilustrada pela recepção do saber do Oriente Médio no extremo ocidente, que rapidamente perdia sua característica rústica. Fez, fundada no começo do século IX, logo adquiriu uma reputação de erudição, como foi o caso de Córdoba sob o domínio dos soberanos omíadas no século X. Um dos últimos deles, de fato, era um notório bibliófilo, que tinha compradores que iam a lugares tão distantes quanto o Irã, e que mantinha uma equipe de calígrafos em Córdoba para uma rápida multiplicação dos livros adquiridos. O patrocínio dos nobres foi sempre um dos principais fatores de difusão cultural. O órgão governamental responsável pelas relações diplomáticas também podia ter importância. Uma missão diplomática em 949 presenteou a corte de Córdoba com uma luxuosa cópia dos trabalhos de Dioscórides. Ele já havia sido traduzido para o árabe, mas a tradução, evidentemente, ainda não chegara a al-Andalus. Não havia estudiosos na Espanha que soubessem grego, então um apelo foi enviado a Constantinopla. Em resposta, um monge grego de muita instrução chamado Nicolau foi mandado para a Espanha, em 951. Um estudioso muçulmano da Sicília com conhecimentos de grego também foi encontrado. Juntos, eles apresentaram o texto para um grupo de espanhóis letrados. Esse grupo era dos mais interessantes. Incluía eruditos islâmicos nascidos na Andaluzia, como Ibn Juljul, que mais tarde escreveria um comentário sobre Dioscórides; um médico e cortesão judeu de destaque, Hasday ibn Shaprut; e o bispo moçárabe Recemundo de Elvira (aquele que havia sido mandado em missão à Alemanha), que era autor do chamado *Calendário de Córdoba*, uma obra que continha considerável volume de informações sobre agronomia e botânica. O encontro se constituiu numa verdadeira reunião internacional de estudiosos, com participantes de diferentes religiões. De seus estudos e discussões brotou uma "escola" informal de cientistas botânicos em atividade na Espanha do século XI, muitas vezes ligados profissionalmente aos jardins tão valorizados pela elite do mundo islâmico, jardins esses que tinham uma função importante como jardins medicinais, além da função primordial de local de relaxamento, deleite dos sentidos e antecipação dos Jardins do Paraíso.

Diplomacia, peregrinação, técnicas, idéias: a essas variadas oportunidades de interação entre a cristandade e o mundo islâmico devemos acrescentar mais uma: o comércio. O estudo do comércio medieval dos primórdios está inseparavelmente ligado ao nome do grande historiador belga Henri Pirenne (1862-1935). Ao avaliar a transição da ordem mundial romana para a medieval, Pirenne atribuiu significância central aos efeitos econômicos do advento do islã. Suas idéias foram inicialmente apresentadas no improvável ambiente de um campo de internamento, para onde ele foi mandado em 1916 pelas forças de ocupação alemã na Bélgica. Lá ele proferiu uma série de palestras para seus companheiros de prisão sobre história econômica européia, palestras que continham as sementes da celebrada "Tese de Pirenne". Desenvolvida depois da Primeira Guerra Mundial em uma série de artigos e livros publicados nos anos 1920, as idéias de Pirenne receberam articulação final em um livro que ele completou pouco antes de morrer. Uma tradução inglesa desse livro foi publicada em 1939, sob o título de *Mohammed and Charlemagne*.* O argumento central de Pirenne era na verdade muito simples. A ordem romana contava com uma infra-estrutura de cidades e comércio no Mediterrâneo que foi pouco, se é que foi, afetada pelas invasões bárbaras do século V. Deslocamento e mudança vieram depois, no século VII, e o agente disso foi o islã. Ao tomarem o Mediterrâneo e excluírem os outros da participação na vida econômica, os muçulmanos levaram a cristandade ocidental a fechar-se em si mesma. Fechado o acesso à economia urbanizada do sul, tomou forma uma cultura européia ocidental "subdesenvolvida", rural e feudal, cujo paradigma é o reino dos francos. Em seu mais famoso aforismo, Pirenne declarou: "É portanto estritamente correto dizer que, sem Maomé, Carlos Magno seria inconcebível."[11]

A tese de Pirenne vem sendo amplamente debatida entre historiadores há cerca de oitenta anos. Há nela um tipo de verdade sólida e incontestável. A erupção do islã mundo mediterrâneo adentro *realmente* fatiou-o em dois, *realmente* reduziu o Império Romano do Oriente a uma sombra de sua condição anterior, *realmente* criou as condições nas quais uma migração da cultura cristã para norte e oeste pôde levar ao florescimento de uma civilização em torno da costa dos mares do norte. Tudo isso é incontestável. No sentido contrário, entretanto, muitos detalhes da argumentação de Pirenne agora parecem não convencer. Disciplinas como arqueologia medieval e numismática, que apenas engatinhavam na época de Pirenne, ampliaram consideravelmente os dados disponíveis. Evidências arqueológicas, por exemplo, da cidade de Marselha, agora sugerem que um considerável deslocamento econômico estava começando a ocorrer no mundo mediterrâneo bem

---

* "Maomé e Carlos Magno." (N.T.)

antes da chegada do islã à cena. Um exame mais atento das fontes escritas fez com que os historiadores fossem mais cautelosos em tirar delas as conclusões que Pirenne tirou. O uso que ele fez de material derivado de textos hagiográficos, por exemplo, agora parece grosseiramente mecânico à luz das sutilezas de propósito e estrutura reveladas por estudos recentes dessas obras. As próprias suposições e preocupações de Pirenne podem tê-lo confundido. Membro da *haute bourgeoisie* que havia prosperado com a revolução industrial na Bélgica, Pirenne não tinha absolutamente nenhum interesse em agricultura e na sociedade rural, uma desvantagem em seu temperamento que o levou a equívocos a respeito da vida econômica das sociedades predominantemente agrárias do mundo antigo e dos primórdios medievais. Em resumo, a história econômica e social do início da Idade Média européia agora parece mais complicada, cheia de nuanças e diferente das grandiosas simplificações propostas por Pirenne.

O islã do Oriente Médio exercia uma atração sobre seus vizinhos por causa de sua demanda insaciável por certos produtos. O crescimento explosivo de Bagdá — provavelmente a cidade de crescimento mais rápido que o mundo jamais viu — e a decorrente fundação de outras cidades-palácios, como Samarra, às margens do Tigre, requeriam exércitos de escravos para os trabalhos de construção e os serviços domésticos. Buscavam-se escravos onde quer que pudessem ser encontrados, na África Oriental, na Ásia Central e na imensidão selvagem do norte, que mais tarde se tornou a Rússia. Nessas últimas regiões, os principais fornecedores eram mercadores escandinavos aventureiros, referidos em nossas fontes como *Rus* ou *Rhos*. Um oficial muçulmano chamado Ibn Fadlān deixou um vívido registro dessas pessoas, que ele encontrou durante uma missão diplomática junto a um líder turco na região do alto Volga, em 922.

> Depois que eles vêm de suas terras e ancoram ou amarram suas embarcações nas margens do Volga, que é um grande rio, constroem grandes casas de madeira nas margens, cada uma com a capacidade

para abrigar mais ou menos vinte pessoas (...) Quando os navios chegam a esse ancoradouro, todo mundo desembarca com pão, carne, cebolas, leite e cerveja, e se dirige a um longo pedaço de madeira fincado na vertical que tem um rosto como o de um homem e está cercado por pequenas figuras, atrás das quais há longas estacas no chão. O Rus se coloca diante do grande entalhe e diz, "Oh, meu Senhor, vim de uma terra distante, e tenho comigo tal e tal número de meninas e tal e tal número de peles de zibelina", e ele segue enumerando todas as outras mercadorias. Então diz, "Trouxe-lhe esses presentes", e coloca no chão o que trouxe com ele, e continua, "Gostaria que o Senhor me mandasse um mercador com muitos dinares e dirhams, que comprará de mim o que quer que eu deseje".[12]

Os escravos iriam aumentar a força de trabalho do islã, as peles exóticas iriam distinguir as classes dominantes nos frios invernos iranianos. As peles eram pagas com a moeda de prata, os dinares e dirhams do islã abácida. Milhares e milhares de moedas desse tipo foram encontradas depositadas em tesouros russos e escandinavos, um numismático e incontestável testemunho da precisão do relato de Ibn Fadlān. Uma parte dessa riqueza de lingotes de prata, fluindo mais abundantemente em direção ao norte, nos séculos IX e X, seria aplicada em outras iniciativas, especialmente o comércio com os povos da Europa Ocidental. Não é coincidência que o crescimento urbano mais significativo a ocorrer no Ocidente desde o período romano tenha se dado nos centros para os quais afluíam os comerciantes escandinavos e nos quais eles se estabeleceram: Rouen, Lincoln, York, Dublin. Dessa forma tão indireta, a influência econômica do Oriente Médio islâmico promoveu o crescimento de uma burguesia européia ocidental. No que se refere à Europa do Norte, a tese de Pirenne precisa ser virada de cabeça para baixo.

A avaliação de Pirenne de que o Mediterrâneo se tornou um lago islâmico do qual mercadores cristãos eram excluídos foi certamente um exagero. O deslocamento pré-islâmico citado acima possivelmente deve sua origem — a questão continua em discussão — ao declínio demográfico causado pela peste. O comércio de longa distância no Mediterrâneo diminuiu, cidades se contraíram, indústrias entraram em declínio. A própria Constantinopla sofreu, com edificações públicas negligenciadas e grandes espaços no interior de seus muros do século V transformados em hortas comerciais e pasto de carneiros e cabras. A recessão foi prolongada, com seu pior momento ocorrendo no século VIII, e uma recuperação lenta e quase imperceptível começando no século IX. Entretanto, o contato comercial entre terras cristãs e muçulmanas nunca cessou completamente. A chancelaria papal continuou a produzir documentos escritos em papiro importado do Egito durante todo esse período. O rei Alfredo, o Grande, do reino inglês de Wessex (871-899), deu a seu biógrafo e amigo, o padre galês Asser, "uma quantidade de incenso que pudesse ser carregada por um homem forte"[13] que deve ter vindo da África Oriental ou da Índia, presumivelmente importada para a cristandade ocidental através do Mediterrâneo.

Quando chegamos à altura dos séculos X e XI temos a impressão de que provavelmente houve trocas comerciais bastante intensas entre negociantes cristãos e muçulmanos. Duas cidades italianas em particular foram importantes canais para o escoamento de mercadorias vindas do mundo islâmico: Amalfi, ao sul de Nápoles, e, no nordeste, Veneza. O povo de Amalfi prosperou, tirando o máximo de um trabalho ruim e se aliando aos invasores muçulmanos do século X; sua recompensa veio sob a forma de privilégios comerciais. Mercadores de Amalfi fizeram fortunas com a importação dos artigos de luxo pelos quais clamava a aristocracia feudal da Europa Ocidental — tecidos de seda, todo tipo de especiarias, marfim. Não é de estranhar que Ibn Hawqal tenha considerado a cidade "a mais próspera da Lombardia [i. e. Itália]".[14] Veneza, emergindo obscuramente ao longo do início da Idade Média das águas às quais devia sua imunidade a ataques, era nominalmente submetida ao Império Bizantino, mas, na prática, uma cidade-estado independente na altura do século X. Veneza era única na cristandade por ser uma comunidade totalmente comercial:"essa gente não lavra, semeia, ou colhe uvas", como um surpreso observador do século XI constatou.[15] Comerciantes venezianos puderam negociar termos favoráveis para comerciar com Constantinopla, mas também se relacionaram com os mercadores do islã. Um memorando do início do século XI registra:

> Quando os venezianos vêm para Pavia [na Lombardia] eles são requisitados a apresentar anualmente para o senhor do tesouro meio quilo de pimenta, canela, galanga e gengibre cada um. E para a mulher do senhor eles devem fornecer um pente de marfim, um espelho e um conjunto de acessórios de toucador.[16]

Característicos do mundo islâmico, muito provavelmente esses produtos teriam sido adquiridos pelos venezianos no Egito. O que eles comercializavam em troca? Não podemos ter certeza, mas escravos, madeira e sal eram mercadorias em demanda permanente no Cairo.

Então, aproximadamente entre os anos 750 e 1000, houve muitas interações entre a cristandade e o islã. Algumas foram violentas e destrutivas; outras, harmoniosas e frutíferas. O quadro, movimentado e tumultuado, apresenta guerreiros, diplomatas, convertidos, mercadores, peregrinos, estudiosos, artistas, artesãos e escravos. O que ainda está surpreendentemente ausente é alguma indicação de que qualquer um dos lados dessa divisão cultural estivesse remotamente interessado na religião do outro. Cristãos mantiveram uma sombria hostilidade aos heréticos ismaelitas. Muçulmanos encontraram na cristandade uma fonte conveniente de especialidade científica ou mercadoria humana, mas, à parte disso, eram desdenhosos. (Os círculos intelectuais de al-Ṭabarī, na Bagdá do século IX, provavelmente são o tipo de exceção que confirma a regra.) Cristãos e muçulmanos viviam lado a lado, num estado de aversão religiosa mútua. Sob essas circunstâncias, o atiçamento de sentimentos religiosos seria capaz de provocar confrontações violentas.

3
Cruzando fronteiras

DURANTE AS CAMPANHAS VITORIOSAS da "reconquista bizantina" no século X, quando territórios na Armênia, no sudeste da Anatólia e no norte da Síria foram reintegrados ao Império com sucesso, soldados bizantinos tinham ordens de recolher cópias do Corão e queimá-las. A essa altura, já existia há algum tempo no centro de Constantinopla uma "mesquita dos sarracenos"[1] para utilização de diplomatas em visita, comerciantes e prisioneiros de guerra. Essa mesquita é citada no compêndio encomendado por Constantino Porfirogeneto, mencionado no capítulo anterior. E mais, o escritor conhecia o termo apropriado para ela: em grego, *magisdion*, derivado do árabe *masǧīd*, "mesquita". Há um contraste aqui, talvez um contraste não tão surpreendente, entre o *ethos* intolerante do campo e a postura mais receptiva da capital. No estudo da civilização bizantina, sempre foi uma dificuldade para os historiadores o fato de sabermos muito mais a respeito de Constantinopla do que sobre as províncias. Será que há alguma forma de visualizarmos mentalidades e posturas adotadas nessas fronteiras onde cristãos e muçulmanos viviam lado a lado?

A sobrevivência de um poema dos mais notáveis, conhecido pelo nome de seu herói como *Digenes Akrites*, permite-nos oferecer uma cautelosa resposta afirmativa. O poema, definido alternadamente como épico, proto-romance ou uma série de baladas, celebra as façanhas marciais e amorosas de um herói chamado Basílio, também conhecido como *Digenes*, "aquele que nasceu duas vezes", e *Akrites*, que significa

Kiev

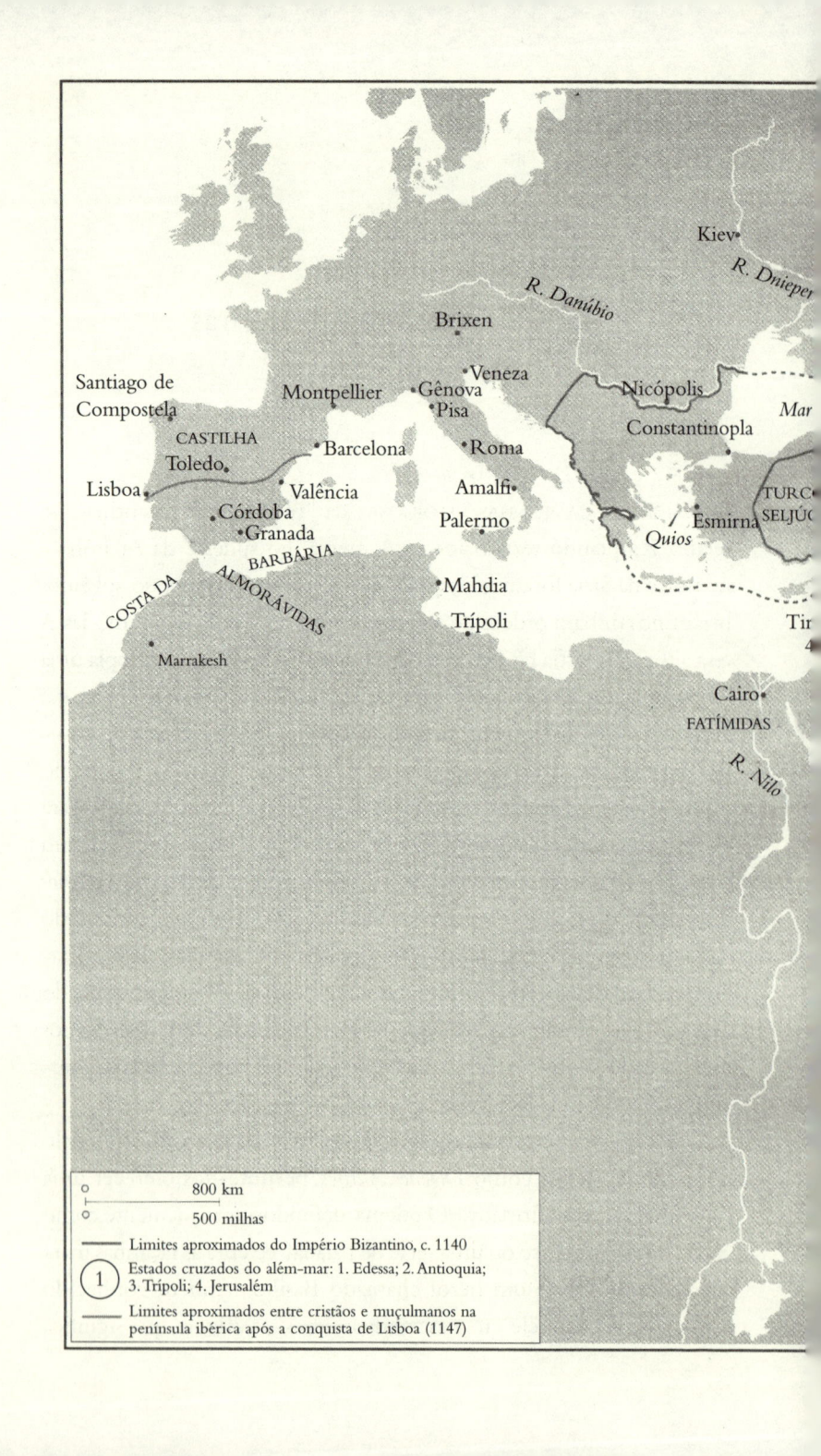

R. Danúbio
R. Dnieper

Brixen
Veneza
Nicópolis
Santiago de
Compostela
Montpellier
Gênova
Pisa
Constantinopla
Mar
CASTILHA
Barcelona
Roma
Toledo
TURC
Lisboa
Valência
Amalfi
Esmirna SELJÚC
Córdoba
Palermo
Quios
Granada
BARBÁRIA
COSTA DA
ALMORÁVIDAS
Mahdia
Trípoli
Tir
4
Marrakesh

Cairo
FATÍMIDAS
R. Nilo

```
o————————
800 km
o————————
500 milhas
```
——— Limites aproximados do Império Bizantino, c. 1140

(1) Estados cruzados do além-mar: 1. Edessa; 2. Antioquia;
3. Trípoli; 4. Jerusalém

——— Limites aproximados entre cristãos e muçulmanos na
península ibérica após a conquista de Lisboa (1147)

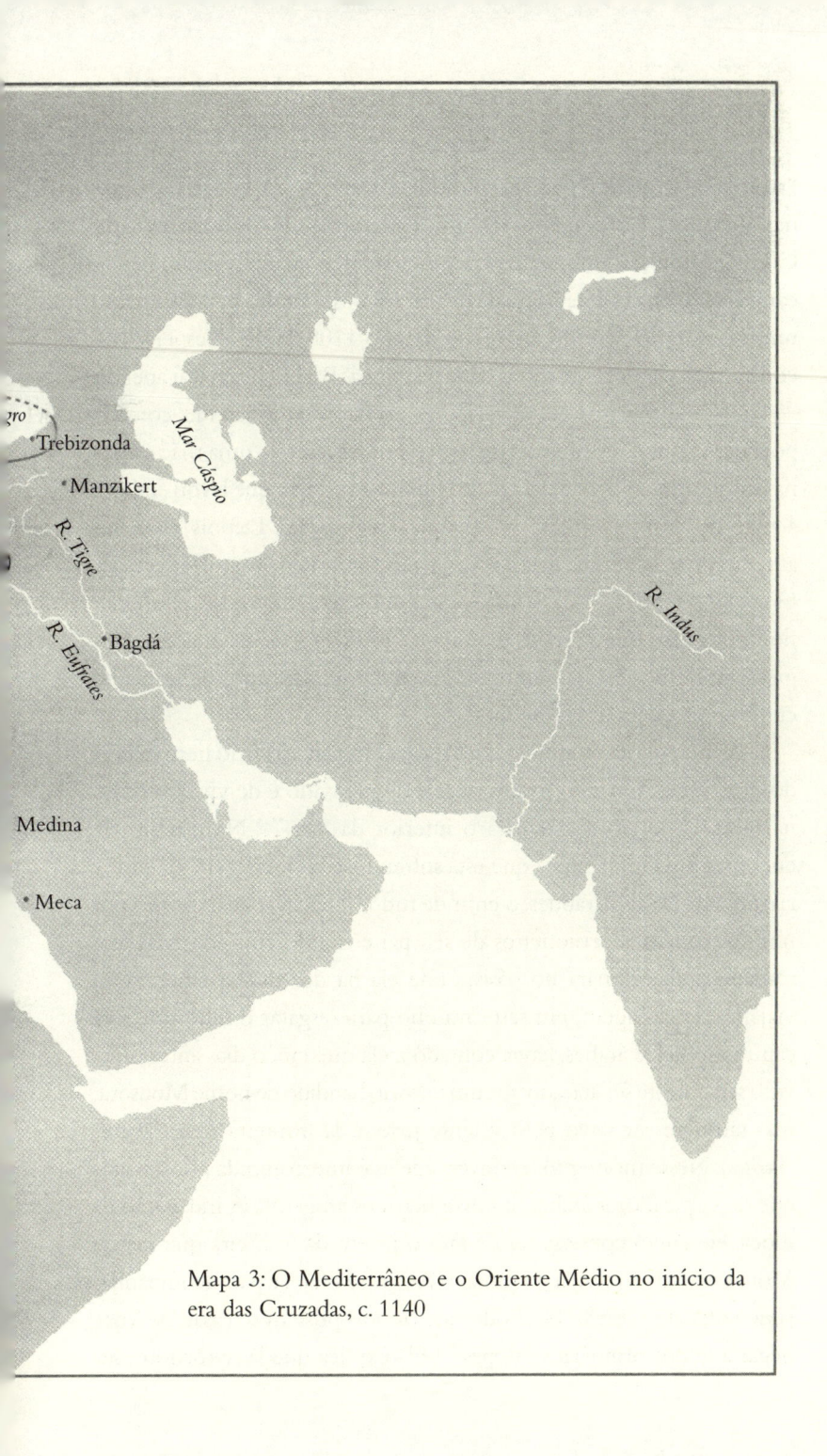

Mapa 3: O Mediterrâneo e o Oriente Médio no início da era das Cruzadas, c. 1140

"guarda de fronteira", ou "pacificador das divisas". A história se passa nas distantes fronteiras orientais, a centenas de quilômetros de Constantinopla. É um poema tão problemático quanto estranho e tocante. Na forma escrita na qual chegou até nós, é muito provavelmente um trabalho do período em torno do ano 1100. Pode-se esperar encontrar nele algumas posturas daquela época. Basílio devia seu apelido — "aquele que nasceu duas vezes" — ao fato de ter nascido, como o poeta nos conta, "de um pai pagão (i. e. muçulmano) e uma mãe romana (i. e. bizantina)".[2] Seu pai era de fato um emir sírio que levou embora a mãe de Basílio durante um ataque ao Império. Depois disso, foi autorizado pela família dela a se casar, na condição de tornar-se cristão. O romance entre pessoas de diferentes culturas é um tema importante no poema, em que homens e mulheres mudam suas orientações religiosas por amor e casamento. Realmente, todos os tipos de lealdades culturais parecem um tanto fluidas.

Vejamos, por exemplo o livro V, narrado pelo próprio herói nascido duas vezes. Quando jovem, apesar de já casado e de viver sozinho na fronteira, quer "viajar para o interior da Síria".[3] Num oásis, ele encontra uma linda moça que está sofrendo. Ela conta a ele sua história: filha de "Haplorrabdes, o emir de tudo",[4] havia se apaixonado por um dos romanos prisioneiros de seu pai e fugido com ele. Mas esse romano a abandonara no oásis, onde ela há dez dias o espera. Um viajante de passagem, em seu caminho para resgatar o filho que fora capturado pelos árabes, havia contado a ela que cinco dias antes tinha visto seu amante ser atacado por um notório bandido de nome Mousour, mas também ser salvo pelo valente jovem da fronteira (i. e. *Digenes Akrites*). Nesse momento, a conversa deles é interrompida por um ataque de saqueadores árabes, e nosso herói os afugenta. À indagação da moça, ele então confessa ser de fato o jovem da fronteira que matou Mousour e salvou a vida do romano. Assim, se oferece para acompanhá-la de volta até o rapaz, de modo que os dois possam se casar, "se você negar a fé dos ordinários etíopes".[5] Ela explica que já se tornou uma cristã na união com o seu amante: "Por nada poderia eu, escravizada pelo desejo, não realizar o que foi dito por ele".[6] Eles partem juntos. Durante a viagem, Basílio a seduz: a relação amorosa entre eles vai contra as inclinações dela, por isso nós talvez devamos encarar o episódio como algo próximo a um estupro. Mais tarde, Basílio sente-se envergonhado de sua conduta. Ele reaproxima os amantes e adverte o homem para ser fiel(!). Então, culpado, volta para a própria mulher, que sugere que eles se mudem para outras terras. (Mais adiante, no livro VII, ficamos sabendo a respeito do esplêndido palácio que Basílio constrói para si junto ao Eufrates, isto é, além das fronteiras orientais do Império.)

O mundo do poema era um mundo onde as pessoas viajavam por diversão ou em missão de caridade, cruzando fronteiras culturais. Elas trocavam sua fé por amor. O inimigo primeiro não é o descrente, mas o saqueador e o bandido. Os muçulmanos realmente respeitam Basílio: depois de sua morte (no livro VIII), nobres de Bagdá e da Babilônia comparecem a seu funeral. Em apenas uma passagem em toda a obra faz-se referência a Basílio empreender a guerra *santa*, quando, com a ajuda de Deus, ele "põe abaixo toda a insolência dos agarenos";[7] mas mesmo aí o contexto não é de conflito religioso, e sim de supressão do banditismo e da restituição da paz para fronteiras conturbadas. O autor, evidentemente, sabia um tanto a respeito das crenças e dos costumes islâmicos, aos quais faz alusão de uma forma desinteressada, mas não hostil.

Uma atmosfera comparável àquela sugerida em *Digenes Akrites* pode ser percebida noutra fronteira, no lado oposto do Mediterrâneo. O século XI foi um tempo de insurreição em al-Andalus. O Estado unitário hispano-muçulmano, governado de Córdoba, tão imponente em seu início no século X, passou por disputas sucessórias, guerra civil e fragmentação no começo do século XI. Em seu lugar surgiu uma série de principados menores — tipicamente baseados em cidades como Sevilha, ou Valência e seus arredores — conhecidos pelos historiadores como os reinos *taifa*. (A denominação é derivada do termo árabe que significa "facção" ou "partido".) Uma rivalidade endêmica entre os pequenos Estados *taifa* tornou-os vulneráveis. Os soberanos dos reinos cristãos do norte da Espanha, especialmente os reis de Leão e Castela e os condes de Barcelona, rapidamente se tornaram hábeis na exploração dessas rivalidades. Posando de defensores militares dos soberanos *taifa*, foram capazes de arrecadar somas prodigiosamente altas em tributos. O fluxo de ouro da Espanha islâmica para a cristã no século XI viria a ter conseqüências de longo alcance.

Os reis não eram as únicas pessoas a lucrar com esse esquema de proteção. O mais famoso espanhol de todos os tempos, Rodrigo Díaz, mais conhecido como El Cid, era um nobre castelhano do século XI que tinha uma carreira extremamente bem-sucedida como soldado mercenário independente. Em vida, não era aquilo em que mais tarde a lenda o transformaria, um patriota cruzado que se empenhou para libertar sua pátria dos mouros. Longe disso: comandante talentoso, abençoado pela sorte, vendia suas habilidades tanto para muçulmanos quanto para cristãos, e acabou como soberano de seu próprio principado *taifa* independente, baseado em Valência. Sua carreira foi registrada de uma forma confiável, não muito tempo depois de sua morte, por um autor anônimo que não se mostrou nem um pouco surpreso com o fato de seu herói às vezes lutar a serviço do cristão Afonso VI de Leão e Castela, e outras vezes a serviço do emir muçulmano de Saragoça. O histórico Rodrigo, como o lendário Basílio, operava em fronteiras nas quais a fidelidade era negociável.

Na esfera dos príncipes possuímos um testemunho da qualidade das relações entre muçulmanos e cristãos na Espanha, fornecido por alguém que viveu exatamente na mesma época. Esse testemunho é nada menos do que a autobiografia de um dos soberanos dos Estados *taifa*, 'Abd Allāh, emir de Granada de 1073 a 1090; uma obra bastante recompensadora, que joga um facho de luz sobre a sociedade e a vida política de al-Andalus no século XI e revela seu autor como um ser completamente humano — descontraído, envolvente, um bom contador de histórias, sincero a respeito de suas fraquezas e um pouco temeroso. Em vários momentos o autor explicitamente descreve o processo de negociação com Afonso VI ou seus enviados. Aqui está seu relato das negociações que aconteceram no inverno de 1089-1090:

> Alvar Fáñez [um dos generais do rei e parente de El Cid] havia recebido de Afonso, em confiança, as regiões de Granada e Almeria, fosse para atacar aqueles príncipes [muçulmanos] que não haviam conseguido atender suas exigências, para receber dinheiro ou ainda interferir em qualquer coisa que se mostrasse vantajosa para ele. Alvar Fáñez, em princípio, enviou-me uma mensagem por sua própria conta, ameaçando invadir Guadix e acrescentando que apenas o pagamento de um resgate o deteria. Eu me perguntei: "Ajuda de quem posso conseguir para me proteger dessa ameaça? Como é possível mantê-lo afastado quando tropa nenhuma restou para nos defender?" [Seguem-se diversos outros autoquestionamentos apavorados.] Decidi acalmar Alvar Fáñez fazendo um pequeno pagamento a ele, ao mesmo tempo em que fechamos um acordo por meio do qual ele garantia não se aproximar de nenhuma das minhas cidades após ter recebido o montante. Garantiu submeter-se a esses termos, mas ao receber o dinheiro fez a seguinte ressalva: "Você está bem seguro, no que me diz respeito. Mas é imperativo que acalme Afonso. Aqueles que agirem de acordo com os desejos dele estarão seguros, mas ele vai me mandar avançar naqueles que não o fizerem..."[8]

A atmosfera de exigências e apelos, de perigos e ameaças, é muito bem retratada. A essa altura dos acontecimentos, 'Abd Allāh se encontrava em estado de total sobressalto. E tinha razão para tanto: apenas alguns meses depois seria deposto do comando de Granada e despachado para o exílio. Foi como realeza exilada que escreveu suas memórias — algo que é preciso ter em mente ao lê-las. Entretanto, ele não foi deposto pelo rei Afonso, nem por alguma outra autoridade cristã. Ao contrário, encontrou sua ruína nas mãos de um companheiro muçulmano, um invasor vindo do norte da África, e suas memórias foram escritas em Marrocos.

Esse novo ator em cena era Yūsuf, que se autodenominava "Emir dos Crentes". Ele era o líder do que hoje chamaríamos uma seita islâmica fundamentalista, conhecida como almorávidas — derivado de um termo árabe que significa "aqueles que se agrupam em defesa da fé" —, que se desenvolvera no sul do Marrocos pouco tempo antes. Ascéticos, puritanos e intolerantes, os almorávidas estavam horrorizados com os acontecimentos do outro lado dos estreitos, na Espanha, onde muçulmanos viam-se forçados a pagar tributo a não-muçulmanos, e estavam criando taxas não sancionadas pelo Corão para poder pagar esses tributos. Determinado a purificar a observância islâmica, Yūsuf atravessou para a Espanha em 1086, impôs uma pesada derrota ao rei Afonso, livrou-se dos soberanos *taifa* e instalou os almorávidas no poder. Assim, al-Andalus se unia novamente, mas dessa vez sob uma autoridade que se mostrava mais hostil a não-muçulmanos do que qualquer outra anterior.

Na mesma época, as terras do leste do Mediterrâneo sofriam um esfacelamento comparável. Os recém-chegados eram os turcos seljúcidas, um povo seminômade originário da Ásia Central que migrou em direção ao Ocidente no século XI. O mundo que eles então penetraram havia se modificado consideravelmente desde os gloriosos tempos do início do califado abácida, no século IX. Naquela época, o islã estava unido (com a exceção do refugiado emirado de Córdoba, no oeste distante), mas na altura do século XI havia se fragmentado. Essa fragmentação foi conseqüência de longo prazo da fissura dentro do islã entre os sunitas e os xiitas, mencionados no capítulo 1. O movimento dos xiitas, crescendo obscuramente no norte da África, havia sido capaz de se apoderar do Egito, no século X, e de fundar um califado rival no Cairo, em 969. Essa nova reivindicação de autoridade espiritual dentro do mundo islâmico vinha daquele que era conhecido como o califado fatímida, a dinastia soberana que alegava descender de Fátima, a filha do Profeta. Enquanto isso, em Bagdá, em parte como causa e em parte como conseqüência da ascensão dos fatímidas, o califado abácida havia se enfraquecido por dissidências palacianas e golpes militares, as doenças usuais dos sistemas políticos baseados numa corte. Apesar de ainda ocuparem posição de destaque, os abácidas não governavam mais. Nessas circunstâncias, as áreas periféricas da ordem abácida na Síria e na Palestina, por exemplo, ficaram livres para fazer o que quisessem, e acabaram se fragmentando em emirados territoriais efetivamente independentes — não diferentes dos Estados *taifa* de al-Andalus —, briguentos, vulneráveis e, evidentemente, cobiçados por seus vizinhos mais poderosos.

O califado fatímida era um desses vizinhos, e durante o século XI exerceu um domínio inconstante e incerto na Palestina e na Síria. O outro vizinho era o Império Bizantino. Na altura do século X, os círculos soberanos do Império haviam pacientemente se adaptado à mudança das circunstâncias e transposto o fosso da derrota militar, da estagnação econômica e do antagonismo cultural que havia marcado os três séculos anteriores. Agora prósperos, confiantes e belicosos, os imperadores deram início a um programa de recuperação. Eles eram os líderes do Povo Escolhido por Deus, cujo dever sagrado era promover uma guerra justa e santa pela reintegração de terras legitimamente cristãs. Seus generais tiraram vantagem da fragilidade da soberania abácida no norte da Síria. Em 969 — o mesmo ano da fundação do califado fatímida no Egito —, exércitos bizantinos recuperaram Antioquia, uma cidade fortemente ligada aos cristãos. Sob o domínio de Basílio II (976-1025), o Império atingiu sua maior extensão territorial desde os tempos pré-islâmicos.

Foi dentro desse mundo confuso e instável que os turcos seljúcidas progrediram. Era de importância crítica que durante suas migrações eles adotassem o islã — a ramificação da fé que escolheram foi a sunita. Isso significa que eles se viam como leais súditos do califa abácida em Bagdá. Seu dever era, portanto, reafirmar o islã sunita ortodoxo em face de seus rivais. O principal rival seria necessariamente o herético califado fatímida do Egito. Bem depois viriam os cristãos bizantinos e um conjunto de emirados de menor importância, fossem eles árabes, curdos, beduínos, armênios ou outros, no norte do Iraque e na Síria.

Os seljúcidas eram guerreiros terríveis, temidos por suas habilidades mortais como arqueiros montados. Suas incursões na Ásia Menor bizantina a partir da metade do século XI em diante — não uma invasão sistemática, mas ataques intermitentes e infiltração gradual — eram vistas em Constantinopla como uma afronta que tinha de ser punida. Mas a tentativa de represália foi um desastre. Em 1071, um exército bizantino sob o comando do imperador Romano IV foi derrotado de forma decisiva em Manzikert, perto da região do lago Van, hoje leste da Turquia. O próprio imperador foi capturado. As conseqüências imediatas da batalha foram inexpressivas. O sultão seljúcida tratou Romano de maneira magnânima, e libertou-o em troca de umas tantas fortalezas nas fronteiras e um resgate pesado. Mas, em longo prazo, as conseqüências da Batalha de Manzikert foram tais que justificam sua classificação como um dos combates mais decisivos da história. Ela facilitou a penetração turca na Ásia Menor. Isso atemorizou os círculos governantes de Constantinopla, que lançaram apelos para a cristandade latina, ou do Ocidente, por ajuda militar. A resposta tomou a forma do que chamamos de Cruzadas, e entre as conseqüências das Cruzadas esteve o enfraquecimento fatal do Império Bizantino. A queda de Constantinopla para os conquistadores otomanos em 1453 teve origem na Batalha de Manzikert, quase quatro séculos antes.

Desde tempos imemoriais havia sido política romano-bizantina contratar tropas mercenárias estrangeiras. Podiam ser bandos sob o comando de um líder próprio com contrato temporário ou contingentes permanentes sob estrito controle imperial, como a famosa Guarda Varegue recrutada da Escandinávia e da Inglaterra. De modo que, quando o imperador Alexius I despachou enviados para o papa Urbano II, em 1095, em busca de divulgação para um pedido de ajuda militar, ele não estava fazendo nada novo ou fora do comum. Temos uma idéia razoavelmente boa do tipo de resposta que ele esperava: forças militares organizadas, formadas por guerreiros bem armados e disciplinados, que podiam ser empregadas para tarefas militares específicas sob o comando de seus generais. Nesse caso, o que ele conseguiu foi uma multidão de guerreiros entusiasmados, mas na maior parte sem instrução, resistentes ao controle imperial, que atravessaram desordenadamente seus territórios e seguiram aos trancos e barrancos até a Síria e a Palestina, onde tomaram Jerusalém, em julho de 1099. Nós chamamos isso de Primeira Cruzada, mas os participantes, é claro, não. Eles não podiam ter idéia de que tomavam parte em uma operação que seria a primeira de uma série.

Então, o que achavam que estavam fazendo? Esta não é a ocasião para nos desviarmos numa investigação da origem das Cruzadas, embora a busca seja fascinante. Tudo que é necessário dizer aqui é que quando o papa Urbano proferiu, no Concílio de Clermont, em novembro de 1095, o sermão que precipitou as operações militares, suas palavras despertaram algo que já estava pulsando imperceptivelmente nos corações e mentes de sua audiência. Não podemos dizer exatamente quais foram essas palavras, já que os relatos do discurso do papa feitos naquela época são conflitantes. Mas está razoavelmente claro que ele proclamou que os participantes de uma peregrinação armada a Jerusalém não só levariam auxílio aos seus irmãos cristãos do Oriente, mas também adquiririam mérito espiritual e conquistariam para si um lugar no paraíso. Não era novidade falar-se em peregrinações, guerras santas, ameaças à cristandade e na santidade sagrada de Jerusalém: o que o papa fez foi amarrá-las todas juntas de tal maneira que se tornassem irresistíveis à pouco sofisticada devoção da nobreza européia do Ocidente.

A reação a suas palavras foi condicionada de forma significativa pelo fato de que a resposta mais entusiasmada veio da aristocracia guerreira do norte da França. Eram pessoas que sabiam pouco ou nada sobre o islã. Podemos tentar ter uma idéia de sua postura observando a literatura que apreciavam, da mesma forma que tentamos descortinar a mentalidade das fronteiras bizantinas com a ajuda de *Digenes Akrites*. A obra mais recompensadora para esse propósito é o antigo poema épico chamado *Chanson de Roland* [Canção de Rolando], que sobreviveu em um manuscrito de c. 1100 e que provavelmente tomou sua forma final não muito antes dessa data. A linguagem do poema é característica do norte da Frância: seu tema é discordância e combate dentro da elite franca, seu tom é inteiramente aristocrático e seus ornamentos são típicos do século XI. Todos concordam que a obra proporciona uma breve visão daquilo que tinham em mente os guerreiros que participaram da Primeira Cruzada. O poema se inspirou, por assim dizer, num fato histórico: em 778, a retaguarda do exército de Carlos Magno, sob o comando de Rolando, foi derrotada em Roncesvalles, uma passagem dos Pireneus, por bascos de uma tribo local. Mas o poeta, ou os poetas que subseqüentemente reescreveram a história, a transformaram. Os inimigos passaram a ser os muçulmanos da Espanha; a traição tornou-se o momento da virada da trama; Rolando foi elevado a uma estatura heróica; e o confronto militarmente insignificante de Roncesvalles, acontecido tantos anos antes, foi insuflado com a grandiosidade de uma batalha entre a cristandade e seus inimigos. Esses inimigos foram identificados — incorretamente, é claro — como "pagãos" que veneravam ídolos chamados Mahumet, Apoliom e Termagante (numa espécie de paródia da Trindade cristã) em "sinagogas e mahumeries". O poeta enfaticamente declarou que "os pagãos estão errados e os cristãos estão certos".[9] Pagãos, acima de tudo, não são confiáveis, são traidores e cruéis, inimigos naturais da ordem moral cristã. Combatê-los é realizar um trabalho penitencial meritório. Morrer em luta contra eles é ganhar a coroa do martírio. E essas eram as posturas que sustentavam o moral dos exércitos da Primeira Cruzada.

A tomada de Jerusalém em 1099 pelas tais tropas indisciplinadas foi um sucesso inesperado, e aconteceu porque, por acaso, os cruzados invadiram a Síria num momento de extrema desordem naquele canto do mundo islâmico. Depois disso, a maior parte deles voltou para casa. Só que alguma coisa tinha de ser feita com os territórios adquiridos. Ninguém queria devolvê-los ao Império Bizantino: desentendimentos entre cruzados e gregos já haviam começado durante a campanha, e essa recusa em atender às expectativas do imperador só os aumentaria. Apenas um número suficiente de cruzados permaneceu no Oriente, para ali estabelecer principados cristãos independentes, coletivamente conhecidos como *Outremer* ("além-mar"). Esses eram, indo do norte para o sul, o condado de Edessa, o principado de Antioquia, o condado de Trípoli e o reino de Jerusalém. Prolongamentos coloniais vulneráveis, enfraquecidos desde o começo por escassez de mão-de-obra e de recursos econômicos necessários para um governo eficaz, os Estados cruzados do além-mar imediatamente se tornaram alvo de contra-ataques islâmicos. Edessa foi a primeira a sucumbir, sendo reincorporada ao *Dār al-Islām* em 1144 por Zangi, governante de Alepo e Mosul, no norte da Síria (teoricamente um representante do sultão seljúcida, na prática um soberano sunita independente). A Segunda Cruzada (1147-1149) não conseguiu retomar Edessa, fez pouco para fortalecer os Estados cristãos do além-mar e gerou ainda mais desentendimentos entre cruzados e gregos.

Em retrospecto, podemos observar que uma mudança decisiva aconteceu no início dos anos 1170. O filho de Zangi, Nūr al-Dīn, ganhou controle do Egito, com sua inesgotável riqueza agrária, em 1169. Seu general curdo Salāh al-Dīn, mais conhecido na cristandade como Saladino, consolidou ali o domínio sunita pelos dois anos seguintes, finalmente eliminando o detestado califado fatímida em 1171. Com a morte de Nūr al-Dīn, em 1174, Saladino sucedeu-o como soberano de um principado combinado da Síria e do Egito. O mundo islâmico do Mediterrâneo Oriental estava mais uma vez unido, e possuía no Egito sua província mais rica. Por milênios antes que a exploração de petróleo viesse a modificar todos os tipos de equilíbrio, era certo que aquele que controlasse o Egito controlava o Mediterrâneo oriental.

Isso teve duas conseqüências para o movimento das Cruzadas. Em primeiro lugar, Saladino e seus sucessores foram capazes de exercer sobre os Estados cristãos do além-mar uma pressão vinda de duas direções. Uma conseqüência inicial e importante disso foi a vitória de Saladino na Batalha de Hattin e a subseqüente reconquista de Jerusalém, em 1187. A Terceira Cruzada (1190-1192) não conseguiu tomá-la de volta, mesmo com toda a liderança corajosa do rei Ricardo I, o "Coração de Leão" da Inglaterra. Em segundo lugar, ficou claro que a estratégia maior das Cruzadas teria de ser reconsiderada. Ataques frontais à inóspita linha costeira síria transcorreram com muita dificuldade. A rota terrestre através da Ásia Menor era longa, árdua, perigosa, e provocava todo tipo de tensão com o Império Bizantino. A nova estratégia se concentrava, em vez disso, no que viria a ser chamado "o caminho pelo Egito". Segundo essa estratégia, era necessário estabelecer uma cabeça-de-ponte no território egípcio, para ganhar controle dos recursos do inimigo, e depois marchar através do norte do Sinai, para alcançar Jerusalém pelo sul.

Essa nova estratégia fazia todo o sentido, mas requeria muitos navios que transportassem um exército cruzado viável, com seus cavalos, suprimentos e víveres para o Egito. Isso era custoso, e foi o que condenou ao fracasso a Quarta Cruzada (1202-1204). Veneza concordou em fornecer os navios, mas, quando os cruzados descobriram que não podiam pagar a conta, chegou-se a um impasse. Uma saída para essa dificuldade parecia ter sido encontrada quando um pretendente bizantino ao trono de Constantinopla ofereceu aos cruzados condições financeiras generosas em troca de ajuda para alcançar o seu objetivo. Assim fez, estupidamente, o exército cruzado. Entretanto, o cumprimento do acordo se deu de uma maneira desastrosa, quase impossível de se imaginar. Quando o novo imperador traiu o que havia combinado, cruzados e venezianos viram-se forçados a se ajudarem. Em 1204, o exército cruzado invadiu e saqueou a cidade de Constantinopla, mandou o governo imperial para o exílio, em Nicéia, na Ásia Menor, e estabeleceu um império rival, latino, que durou até 1261. Foi um golpe do qual o Império Bizantino nunca se recuperou completamente, e que azedou as relações entre as Igrejas grega e latina daquele dia até hoje. O caminho pelo Egito foi tentado novamente na Quinta Cruzada (1218-1221) e mais uma vez na expedição cruzada do rei Luís IX da França (1248-1250). Contudo, nem mesmo os consideráveis recursos e meticulosos preparativos da monarquia francesa puderam garantir a vitória. Depois disso, o jogo chegava quase ao fim para o que restara dos Estados do além-mar. Antioquia se rendeu aos exércitos islâmicos em 1268, Trípoli em 1289 e o último posto avançado de Acre em 1291. Esse não foi o fim das Cruzadas — longe disso —, mas acabou com qualquer presença militar européia no Mediterrâneo oriental por quase seis séculos.

A confrontação militar entre a cristandade e o *Dār al-Islām* durante a era das Cruzadas não se limitou ao Mediterrâneo oriental. Mesmo antes da Primeira Cruzada, guerreiros da Normandia haviam se estabelecido no sul da Itália. Gradualmente, entre 1060 e 1091, eles tomaram Sicília e Malta das mãos dos muçulmanos. Alguns postos avançados de vida curta na costa do norte da África, na altura da Tunísia, seriam acrescentados em meados do século XII. Na península ibérica, a expansão territorial das monarquias cristãs à custa de seus vizinhos muçulmanos continuou incessante ao longo do século XII. Um avanço constante foi sentido primeiro pelos almorávidas e depois, na segunda metade do século, por uma outra onda de fanáticos marroquinos, confusamente similares no nome, os almóadas. Uma vitória decisiva em Navas de Tolosa por Afonso VIII de Castela, em 1212, deixou o sul da Espanha vulnerável à conquista cristã. Córdoba caiu nas mãos dos castelhanos em 1236; Sevilha, em 1248. Valência foi tomada pelo rei Jaime I de Aragão em 1238. Enquanto isso, em Portugal, onde o domínio cristão havia sido estendido até a linha do Tejo com a conquista de Lisboa em 1147, o Algarve foi absorvido durante a primeira metade do século XIII. Na altura de 1250, o único Estado islâmico precariamente independente que restava na península era o emirado de Granada.

Os poucos parágrafos precedentes se constituem num resumo quase telegráfico da história militar da era das Cruzadas. Relatos elaborados e detalhados das expedições foram escritos ao longo dos últimos cinqüenta anos por escolas ilustres de historiadores das Cruzadas, que vicejaram na Grã-Bretanha, na França, na Alemanha e nos Estados Unidos. Trabalhos como esses se tornaram possíveis graças a fontes de pesquisa extremamente ricas, especialmente narrativas da época estimuladas pelas campanhas dos cruzados. Essas narrativas são bastante variadas. Incluem ambiciosas abordagens "panorâmicas", como *History of Deeds Done beyond the Sea**, escrita pelo arcebispo Guilherme de Tiro (†1186), e suas continuações no século XIII. Há testemunhos dos participantes em episódios específicos, como o da obra conhecida como *Gesta Francorum* [História dos francos], a mais antiga de todas as narrativas sobre as Cruzadas, escrita por um cavaleiro anônimo do sul da Itália; ou o relato do cerco e da conquista de Lisboa por um padre inglês que havia participado dessa empreitada anglo-portuguesa. Temos a autobiografia de um rei cruzado, o *Llibre dels Feyts* [Livro dos feitos], de Jaime I de Aragão. Temos também as memórias afetuosas escritas por Jean de Joinville sobre seu senhor e amigo Luís IX da França, um trabalho em que a narrativa da luta que se seguiu ao desembarque francês no Egito deve figurar como uma das mais vívidas descrições de combate jamais escritas. E há muito, muito mais além disso. Haveria o suficiente para preencher cinco volumes substanciais de fólios com materiais sobre as Cruzadas, na edição padrão do século XIX; várias novas fontes já foram descobertas desde então. A cristandade medieval interessou-se intensamente pelas Cruzadas e as considerou um assunto que merecia uma atenção séria e continuada por si só, um tópico com peso moral e dignidade.

---

* "História dos feitos realizados além-mar." (N.T.)

Há aqui um interessante contraste com o islã medieval. Não há historiografia islâmica como essa sobre as Cruzadas. Para os narradores islâmicos daquela época, as Cruzadas não passaram de conflitos que impingiram apenas espetadelas na periferia do mundo islâmico. Os cruzados chegaram e partiram: a atividade deles até foi laconicamente registrada por cronistas, mas não aprofundada. Durante a época das Cruzadas, o único personagem no mundo islâmico que se constituiu em foco de atenção para historiadores e biógrafos foi Saladino. Isso porque ele foi o propulsor do islã sunita, o restaurador da cidade sagrada de Jerusalém para as mãos muçulmanas, um líder de grandes qualidades pessoais — e, deve-se dizer, um mestre da autopromoção; não *especialmente* por causa de seu engajamento militar com os exércitos cruzados. Uma pequena indicação da indiferença islâmica nos é fornecida pela terminologia empregada. Os cruzados eram invariavelmente rotulados apenas como *franji*, "francos", viessem eles da Sicília, da Hungria ou da Escócia. Nenhuma palavra árabe foi inventada para indicar que esses intrusos estivessem envolvidos numa forma especial e única de guerra. A indiferença do mundo islâmico medieval às Cruzadas é componente integrante de sua indiferença à cultura da cristandade como um todo.

Críticos liberais de hoje freqüentemente denunciam as Cruzadas. Uma típica autoridade recente descreveu-as como "vergonhosas".[10] Porém, não avança o entendimento da história repreender o passado usando um ponto de vista moral atual e diferente. Durante a era das Cruzadas, nenhum autor cristão ortodoxo jamais criticou as expedições dessa forma. (Apenas uns poucos heréticos o fizeram, geralmente por uma questão de pacifismo.) Havia bastante crítica, mas não a respeito de princípios fundamentais. As críticas se referiam ao estado moral e à disposição dos cruzados, ou aos modos e meios de organização de campanhas específicas. Na principal questão que sustenta a atividade das Cruzadas havia consenso: era legítimo tentar retomar os lugares sagrados da cristandade por meios militares, e era digno de mérito para um indivíduo empenhar-se ativamente por esse bom propósito. Por mais desagradável que possa ser para uma compreensão moderna, essa doutrina foi aceita sem críticas por milhões de pessoas de ambos os sexos, de todo o tipo de vivência e de todas as classes da sociedade, durante vários séculos.

Entre 1050 e 1300, o domínio cristão se estabeleceu e foi derrubado na Síria e na Palestina, retornou para a Sicília e reabsorveu quase toda a península ibérica. O período foi de permanente hostilidade — não exatamente uma guerra permanente — entre cristianismo e islã no mundo mediterrâneo. Isso significa, então, que um muro de intolerância havia sido erguido entre cristão e muçulmano? A resposta a essa pergunta não é tão direta quanto pode parecer.

Havia um grande entusiasmo religioso durante a época das Cruzadas — a exaltação dos recém-convertidos turcos seljúcidas, o fanatismo dos sectários marroquinos, a intolerância dos guerreiros francos e o discurso inflamado dos pregadores cristãos. O fervor religioso entre os devotos de dois monoteísmos, cada um inabalavelmente convencido de sua própria correção, é por definição intolerante. De fato, essa era uma época dentro da cristandade do Ocidente ao longo da qual a hierarquia eclesiástica estava definindo mais rigorosamente normas de obediência cristãs, comunicando-as mais amplamente e concebendo meios de fazê-las cumprir mais efetivamente do que nunca. Estava então se tornando fácil identificar os desviantes da ortodoxia, tais como os heréticos, e reprimi-los. Havia mais disposição para perseguição na Europa de 1300 do que havia existido na Europa de 1000, além de técnicas mais sofisticadas para fazê-lo. Tais atitudes necessariamente se transferiram para os cruzados que estavam, afinal de contas, guerreando contra o que ainda era encarado como uma heresia cristã (ver capítulo 1). Quando, em 1150, o trovador francês Marcabru cantou sobre os cruzados "purificando" terras dos inimigos de Cristo, ele estava se aproximando de uma nova retórica que teria vida longa (e que nós viemos a desacreditar). Mais ou menos cinqüenta anos depois, quando um poeta desconhecido compôs o épico espanhol *Cantar de Mio Cid*, representou seu herói sob uma luz inteiramente diferente daquela mostrada pelo biógrafo anônimo já citado neste capítulo. Todas as referências às proezas mercenárias de El Cid a serviço dos muçulmanos foram cortadas. O passado foi ajustado de acordo com os interesses do presente. El Cid tornou-se um patriota cruzado castelhano exclusivamente cristão.

Até esse ponto, tudo é — aparentemente — simples. Mas há complexidades aqui. A hostilidade é ela própria um relacionamento, seus ritmos e rotinas necessitam de interação. Tomemos por exemplo os Estados cristãos do além-mar. Como estavam enfraquecidos desde o início por uma escassez de mão-de-obra, suas elites governantes rapidamente se deram conta de que a sobrevivência dependia tanto da diplomacia quanto da guerra. Diplomacia significava envolver-se em cautelosas relações com vizinhos islâmicos; fazer negócios com o inimigo. Era preciso realizar missões diplomáticas, negociar alianças, promover tréguas, resgatar prisioneiros. Informações políticas e militares tinham de ser colhidas e avaliadas no sombrio submundo da espionagem. Por razões óbvias, os espiões são raramente visíveis em nossas fontes. Ocasionalmente, entretanto, uma cortina é aberta. Um dos cronistas contemporâneos à Terceira Cruzada oferece-nos uma visão rápida:

Agora, enquanto eles estavam todos prometendo
O que cada homem para o cerco traria
E daria, observe, Bernard, o espião,
Um homem nascido na Síria, aproximou-se;
De nativos tinha dois outros
Com ele. Roupas sarracenas eles vestiam.
Estavam de volta da Babilônia [i. e. Cairo],
Onde tiveram como única missão
Espionar o inimigo;

> Digo a vocês com certeza
> Gente mais parecida com sarracenos
> Eu nunca vi, ou homens que falassem
> Mais perfeitamente a fala sarracena.[11]

A fluência de Bernard em árabe, o que lhe convinha por causa de seu perigoso trabalho, era digna de destaque. Quão disseminado era o bilingüismo nos Estados do além-mar? É uma das muitas questões importantes que as fontes que chegaram até nós não permitem responder. Podemos apontar poucos entre seus habitantes cristãos, como Bernard, que sabemos terem tido um conhecimento de árabe. Outra pessoa desse tipo, num nível muito mais elevado, foi Renaud de Châtillon, príncipe de Antioquia. Como prisioneiro de guerra, ele passou 15 anos no cativeiro, em Alepo, tempo durante o qual aprendeu a língua de seus captores. Renaud era um entre os vários da elite dos Estados do além-mar que adotaram muito do estilo de vida do mundo árabe. Entretanto, após sua libertação, a experiência de nada adiantou para fazê-lo mais compreensivo com seus vizinhos muçulmanos. Um homem violento e inescrupuloso, Renaud era um violador de tréguas, um agressor dos peregrinos que se dirigiam pacificamente a Meca. Capturado mais uma vez depois da Batalha de Hattin, foi executado, sob a alegação do que hoje chamaríamos de crimes de guerra, por Saladino em pessoa.

Como prisioneiro, Renaud de Châtillon cruzou fronteiras involuntariamente. Outras pessoas de nível mais elevado puderam cruzá-las por vontade própria. Considere a extraordinária trajetória do príncipe português dom Pedro (1187-1256). Depois de intrigas malsucedidas para impedir a ascensão de seu irmão ao trono de Portugal, em 1211, Pedro teve de fugir de sua terra natal. Refugiou-se na corte do vizinho e parente por casamento, Afonso IX de Leão. Isso aconteceu exatamente no mesmo ano em que estavam sendo feitos preparativos para a campanha, proclamada uma Cruzada pelo papa, a ser liderada pelo primo de Afonso, homônimo e inimigo, rei de Castela, e que resultaria na grande vitória em Navas no ano seguinte. Afonso IX manteve-se abertamente indiferente a essa campanha, subornado, isso foi dito à boca pequena, por ouro muçulmano enviado pelo soberano almóada de al-Andalus e Marrocos. Seja qual for a verdade a respeito desse rumor, é certo que nesse período as relações diplomáticas entre Leão e Marrocos foram calorosas. Talvez sem surpresas, portanto, dom Pedro aparece logo depois no Marrocos. Como capitão mercenário, ele comandou uma legião estrangeira a serviço dos almóadas, mais ou menos entre 1216 e 1228. Isso não significava que tivesse mudado de lado. Voltando à Espanha, conquistou espaço na corte do rei Jaime I de Aragão. Pedro foi capaz de ajudar o rei de maneira substancialmente vantajosa no contexto das questões matrimoniais de Jaime, que eram um tanto quanto sórdidas. Sua recompensa, em 1231, foi o comando de Maiorca, tomada do islã pouco tempo antes. Subseqüentemente, Pedro participou das conquistas aragonesas de Ibiza e de Valência. Essa carreira extraordinária apresenta alguma semelhança com aquela de El Cid um século e meio antes. A de dom Pedro, entretanto, desenrolou-se num contexto cultural que considerava inaceitáveis as proezas de El Cid de um lado para outro das fronteiras e, como havíamos visto, ajustava sua imagem por causa disso.

Alguns outros cruzavam a fronteira definitivamente. Jean de Joinville teve um encontro no Egito que o chocou e entristeceu. O encontro aconteceu durante as negociações que se seguiram à derrota e à prisão do rei Luís e de outros líderes cruzados na Batalha de Mansourah, na primavera de 1250. Joinville descreve como o rei ficara surpreso por ter sido abordado por um sarraceno que havia se dirigido a ele em francês fluente:

> Quando o rei lhe perguntou onde havia aprendido francês, o homem respondeu que um dia fora cristão. Por causa disso, o rei disse a

ele: "Vá embora! Não quero mais falar com você!" Puxei o homem para o lado e pedi que me contasse sua história. Ele me disse que nascera em Provins [mais ou menos oitenta quilômetros a sudeste de Paris] e viera para o Egito; casado com uma egípcia, era agora uma pessoa de grande importância. "Você não percebe", disse a ele, "que se morrer nessa condição será condenado e irá para o inferno?". Ele respondeu que sim, e acima de tudo estava certo de que nenhuma religião era tão boa quanto a cristã. "Mas", acrescentou, "tenho medo de encarar a pobreza e a vergonha que teria de sofrer se voltasse para vocês. Todos os dias uma pessoa ou outra me diria: 'Olá, seu rato!' Então eu prefiro viver aqui, rico e em paz, a ter de me colocar numa posição previsível como essa". Salientei que no Dia do Juízo Final, quando todos soubessem de seu pecado, ele sofreria uma vergonha maior do que qualquer outra sobre a qual falara naquele momento. Dei a ele muitos bons conselhos cristãos, mas não adiantou. Depois ele foi embora, e eu nunca mais o vi.[12]

Guerreiros prudentes sempre respeitaram as qualidades de combate de seus inimigos. Os barões da *Chanson de Roland* sabiam que seus adversários "pagãos" eram valentes guerreiros. O autor de *Gesta Francorum*, que lutara ele mesmo contra os turcos, admitiu que "não existiam soldados mais fortes, valentes ou habilidosos" que eles.[13] Os cruzados eram capazes de respeitar tanto o valor moral quanto o marcial em seus oponentes. Saladino é o principal, mas não o único exemplo, um homem de palavra, pio e sábio, clemente e justo, terrível apenas com aqueles como Renaud de Châtillon, que desprezou as leis da guerra. Joinville era capaz de citar as máximas de Saladino com aprovação: "Saladino disse que você nunca deveria matar um homem se tivesse dividido seu pão e sal com ele."[14] No século seguinte, Dante colocou Saladino no limbo entre os virtuosos não-cristãos, na célebre companhia de Homero, Platão e Aristóteles.

Vestígios de atitudes similares podem ser encontrados no lado islâmico. É mais uma vez Joinville quem nos conta da reputação do rei Ricardo, o Coração de Leão:

Rei Ricardo ficou tão conhecido por suas audaciosas façanhas enquanto esteve no além-mar que quando qualquer cavalo pertencente a um sarraceno refugava para o mato, seu dono dizia: está pensando que o rei Ricardo da Inglaterra está chegando?[15]

Nossa testemunha mais eloqüente das posturas islâmicas foi um outro autobiógrafo, tão revelador de sua era quanto o foi 'Abd Allāh de Granada. Usāmah ibn Munqidh (1095-1188), emir de Shaizar, no norte da Síria, que teve uma longa vida, era bem relacionado e amplamente conhecido, deixou-nos um relato vívido de suas experiências em memórias repletas de pequenas histórias. Elas fornecem um registro especialmente valioso de seus encontros com os francos dos Estados do além-mar. Usāmah considerava os francos como inimigos, é claro, mas inimigos de valor. Rotineiramente referia-se a eles como "Os francos — que Deus os confunda!".[16] Era desdenhoso com relação a alguns aspectos da cultura deles, como por exemplo a ignorância a respeito de medicina; e fascinado por outros, como, por exemplo, a liberdade social da mulher cristã. Por outro lado, durante períodos de trégua, era possível ser amigo dos francos e descobrir interesses em comum. Usāmah era um esportista entusiasmado e um atento observador da vida selvagem. Isso representava um elo com a aristocracia dos francos: há diversas referências casuais em suas memórias sobre expedições de caça e falcoaria com amigos francos. O pai dele recebera o rei franco de Jerusalém em Shaizar e o próprio Usāmah era um visitante regular na corte real, às vezes como diplomata, mas em pelo menos uma ocasião, curiosamente, como litigante numa ação civil contra um barão franco a respeito de pastagens. Uma disputa num tribunal sobre rebanhos coloca as relações cristão-muçulmanas nos Estados cruzados sob uma luz diferente: é melhor mantermos abertas nossas expectativas. A obra de Usāmah é algo isolado, e apresenta, conseqüentemente, os problemas usuais sobre o que se pode ou não generalizar a partir dela. É recomendável agir com cautela. Entretanto, quando tudo é levado em consideração, é difícil acreditar que as atitudes de Usāmah fossem totalmente únicas.

*

É comum apresentar a era das Cruzadas como um tempo de antagonismo crescente entre cristãos e muçulmanos. A era pré-Cruzadas dos históricos 'Abd Allāh e Rodrigo Díaz e do ficcional *Digenes Akrites* foi caracterizada por um espírito de viva-e-deixe-viver. O fervor foi infundido com a irrupção de invasores de fora do mundo mediterrâneo, fossem da Ásia Central, do norte da cristandade ou do oeste da África, liberando explosivos sentimentos de hostilidade. O tom moral da decorrente era das Cruzadas foi perfeitamente exemplificado pelas matanças de Renaud de Châtillon e pelo fanatismo frio de Luís IX. Essa é uma maneira de interpretar a época. Entretanto, o exemplo de homens como Usāmah ibn Munqidh ou dom Pedro de Portugal sugerem que essas questões podiam não ser tão claras. Talvez nós façamos bem em ter em mente que relações morais humanas normalmente têm contornos um tanto indistintos.

Um modo menos negativo de se olhar para as Cruzadas é reconhecendo o papel que elas tiveram no desenvolvimento da consciência de um mundo maior. Quando os exércitos da Primeira Cruzada entraram na Síria e na Palestina, encontraram comunidades religiosas de um tipo exótico, estranhas a eles. Essas comunidades podiam ser os cristãos das Igrejas do Oriente, tais como os monofisistas (ou coptas) e outros. Ou mesmo adeptos de uma tradição religiosa totalmente diferente, tais como os samaritanos. Cristãos do Ocidente e do Oriente não se interessavam muito uns pelos outros. Na verdade, o estabelecimento dos principados cruzados do além-mar ameaçou perturbar as relações razoavelmente harmoniosas entre os cristãos do Oriente e seus senhores políticos islâmicos. Então, os pretensos salvadores dos cristãos do Oriente eram vistos no mínimo com receio por aqueles a quem vinham ajudar. Os cristãos do Ocidente viam os do Oriente com arrogância, como parentes distantes e pouco atraentes, cujos estranhos hábitos e tradições era melhor manter a uma certa distância.

As posturas eram mais conciliadoras, entretanto, em relação a comunidades cristãs ainda mais distantes e exóticas. Em 1145, um bispo visitante dos Estados do além-mar disse ao papa que tinha ouvido falar de um potentado oriental de extraordinária riqueza e poder, um cristão que se dizia descendente de um dos magos que haviam visitado o menino Jesus em Belém. Esse misterioso soberano, cujo nome era João, estaria ansioso para sair em auxílio dos cristãos dos Estados do além-mar e atacar os inimigos islâmicos do Oriente. Essa é a primeira vez que aparece em registros históricos a lenda de Preste (i. e. *Presbyter*, ou "padre") João. Vinte anos mais tarde, uma carta, supostamente do próprio Preste João, chegou à Europa. Nela ele se descreveu como o soberano "das Três Índias" e anunciou sua intenção de levar ajuda militar para derrotar os inimigos da cristandade. Esse embuste — porque era isso o que era — enganou muitos, a começar pelo papa, precisamente porque era exatamente no que os líderes cristãos queriam acreditar: um poderoso aliado cristão, longe, no Oriente, cujos exércitos poderiam atacar o islã pela retaguarda, e dessa forma facilitar a retomada dos lugares sagrados pelos cruzados do Ocidente. A lenda de Preste João persistiria por séculos, e seu reino enganoso, alternadamente localizado na Ásia, na Índia ou na África, seria uma ilusão a ser perseguida em vão por fantasiosos que buscavam a libertação da cristandade de seus inimigos muçulmanos.

Os relatos iniciais sobre Preste João, entretanto, podem ter sido baseados em acontecimentos reais. Em 1141, o soberano do Império

Kara Kitay da Ásia Central — de onde o termo "Catai" deriva — havia derrotado o soberano seljúcida da Pérsia. Como rumores desses acontecimentos chegaram até os cristãos sitiados dos Estados do alémmar, deve ter sido irresistível ver o vencedor como um tipo de soberano cristão, e dessa forma um potencial aliado contra o islã. Em 1177, o papa Alexandre III enviou uma missão até Preste João. Essa missão pode ser rastreada até os Estados do além-mar, mas depois disso nunca mais se ouviu falar nela de novo. Se as ligações diplomáticas tivessem sido forjadas nessa ocasião entre a cristandade e algum lugar no distante Oriente, o choque do que veio mais tarde da Ásia Central poderia ter sido amenizado.

O que veio mais tarde foi a investida dos mongóis. O Império Mongol não se compara a nada do que aconteceu antes ou desde então na história do mundo. Sob o comando de um líder chamado Timuyin, as tribos mongóis foram unidas por volta de 1200, depois que Timuyin assumiu o título de Chingiz, ou Gengis Khān, que significa "soberano universal". A unificação das tribos mongóis resultou na criação de um exército de primeira linha. Essa máquina militar tinha de ser colocada para funcionar. A manutenção de unidade requeria conquistas externas. Essa é a explicação mais convincente para a expansão mongol. Antes de sua morte, em 1227, Gengis subjugou a seu leste o norte da China, e a oeste o Kara Kitay e os Estados islâmicos do norte do Irã. A expansão continuou após sua morte. Sob o domínio de seu filho Ogoday (1229-1241), as conquistas mongóis no norte da China se consolidaram. No final dos anos 1230, outra ofensiva ocidental foi lançada. Os principados do sul da Rússia foram ocupados, Kiev foi saqueada em 1240, e o avanço mongol continuou sem parar em direção à Hungria, à Polônia e até à Alemanha. Só a morte de Ogoday, em 1241, levou seus comandantes a finalmente abandonarem a investida à Europa Ocidental.

Por volta dos anos 1240 o Império Mongol se estendia da Europa Oriental até o Pacífico. Embora não fosse, obviamente, o Império de Preste João, convidava investigações de europeus amedrontados, ao menos por uma questão de defesa pessoal. O assunto foi discutido nas mais altas esferas do Concílio Ecumênico de Lyon, presidido pelo papa Inocêncio IV, em 1245. Como resultado das deliberações do encontro, três missões foram enviadas até os mongóis. Seus objetivos eram estabelecer relações diplomáticas, observar e relatar sobre os mongóis, além de fazer contatos com comunidades cristãs orientais. Esperanças maiores e menos nítidas concentravam-se nas possibilidades de que os mongóis pudessem ser persuadidos a abandonar o xamanismo — que parece ter sido a religião deles — e adotar o cristianismo. Eles seriam então, com a ajuda de aliados do Ocidente, capazes de incumbir-se da ação militar contra o islã do Oriente Médio.

Os mongóis têm importância na história das relações cristão-islâmicas na Idade Média porque nas altas esferas do século XIII acreditava-se seriamente que eles podiam se transformar em Preste João.

Chegado o momento, essas esperanças nutridas com fervor provaram-se completamente ilusórias. Embora uma série de mongóis influentes tenha de fato adotado o cristianismo nestoriano, nunca houve a menor possibilidade de os mongóis como um todo abraçarem o cristianismo católico da Europa.* De fato, eles logo se afastaram do Ocidente. O mais temido ataque mongol nunca aconteceu, talvez pelo que hoje chamaríamos de razões ecológicas ou ambientais: os milhões de cavalos mongóis dependiam dos pastos oferecidos pelas terras das estepes, que não existiam com a mesma abundância a oeste da Ucrânia. A invasão mongol do Iraque realmente levou não só à tomada e ao saque de Bagdá, mas também à deposição e ao assassinato do último califa abácida, em 1258. Mas isso não foi em nenhum sentido uma

---

* Os nestorianos eram um grupo integrante das Igrejas do Oriente. Nestório, patriarca de Constantinopla (428-431), foi deposto por supostas opiniões heréticas. Seus seguidores buscaram asilo nas terras a leste do Império Romano, e formaram uma base forte na Mesopotâmia. A partir dali, comunidades nestorianas se espalharam pela Ásia Central até a China.

campanha "cruzada" em associação com o Ocidente. Dois anos depois, um exército mongol foi derrotado em 'Ayn Jālūt, na Galiléia, pelos mamelucos do Egito (a dinastia islâmica que havia sucedido a de Saladino). Entretanto, sua subseqüente retirada da Síria foi um desfecho previsível: a falta de pastagens extensas fez as terras mediterrâneas tão pouco atraentes quanto a Europa agrária. O Império Mongol unitário criado por Gengis já havia começado a se desgastar. Na segunda metade do século XIII, desmantelou-se em Estados separados na China, na Ásia Central, na Pérsia e na Rússia.

Contudo, os contatos iniciados nos anos 1240 haviam sido feitos e relatados. Tais relatos são do maior interesse. O mais extraordinário deles foi escrito pelo missionário franciscano Willem Ruysbroek, enviado por Luís IX da França para uma visita ao mongol Mangu Khān — neto de Gengis — nos anos 1253-1255. O relato de Ruysbroek é um dos grandes exemplos de narrativa de viagem. Inteligente e observador, ele escreveu para seu senhor real uma detalhada descrição de suas andanças — sempre difíceis e freqüentemente perigosas, por milhares de quilômetros de um território completamente estranho para um europeu — e do desconhecido e exótico povo que ele encontrou, sua aparência, seus costumes e suas crenças. A meticulosa descrição de Ruysbroek do que não lhe era familiar parece antecipar escritos etnográficos e antropológicos muito posteriores. Aqui ele descreve as habitações dos mongóis:

> As casas onde eles dormem são construídas em torno de uma argola de galhos entrelaçados, que convergem no alto, em torno de uma argola menor, de onde se projeta um pescoço como uma chaminé. Esse espaço eles cobrem com um feltro branco. Muito freqüentemente, também espalham no feltro cré ou argila branca e ossos moídos, para fazer com que fique mais branco. Às vezes também o escurecem. E no alto, em torno desse pescoço, decoram o feltro com vários desenhos elaborados (...) Essas habitações são construídas de um tama-

nho tal para terem em certos casos trinta pés de comprimento. Eu mesmo uma vez medi uma largura de vinte pés entre as marcas das rodas de uma carroça, e quando uma habitação estava na carroça ela se projetava para além das rodas por pelo menos cinco pés de cada lado. Contei 22 animais de carga para uma carroça que transportava uma habitação: 11 em uma fila correspondente à largura da carroça e outros 11 na frente. O eixo da carroça era tão grande quanto o mastro de um navio, e um homem ficava na entrada da casa, no alto da carroça, dirigindo os animais.[17]

Alguns dos seus animais de carga causavam estranheza:
Eles têm um tipo de animal de carga extremamente forte, com rabos que são muito cabeludos como os de um cavalo e com barrigas e lombos peludos. Têm pernas mais curtas do que outros animais de carga, mas muito mais fortes. Eles transportam as grandes habitações dos mongóis e têm longos, finos e retorcidos chifres que são extremamente afiados, de forma que as pontas sempre precisam ser serradas.[18]

Trata-se da mais antiga descrição européia do iaque.

Willem Ruysbroek não estava sozinho ao observar com espanto a estranheza do mundo para o qual Deus o havia chamado, e ao descrevê-lo com precisão para sua primeira leitura na corte real francesa. (O manuscrito que sobreviveu sugere que a obra de Ruysbroek circulou também na Inglaterra.) *Uma vida de são Luís*, de Joinville, foi finalizado em 1309, quando o autor era idoso, mas a maior parte foi escrita provavelmente uns quarenta anos antes. A descrição de Joinville de lugares e pessoas que encontrou enquanto esteve em Cruzada com seu rei no Egito e na Síria tem um frescor extraordinário, uma mola em seus pés que o faz saltar através dos sete séculos que o separam de nós, transmitindo vividamente a percepção de um escritor que olhou com entusiasmo para o seu mundo, com um intenso interesse em tudo que esse mundo tinha a oferecer. Aqui ele descreve o fóssil de um peixe:

Durante a estada do rei em Saida, alguém trouxe a ele uma pedra que se partiu em lascas. Era a pedra mais maravilhosa do mundo, porque quando você levantava uma das lascas, encontrava a forma de um peixe do mar entre os dois pedaços de pedra. Esse peixe era totalmente de pedra, mas não havia nada faltando em sua forma, olhos, ossos ou cor para fazê-lo parecer diferente do que seria se estivesse vivo. O rei me deu uma dessas pedras. Eu achei uma tenca dentro. Era marrom na cor e em cada detalhe, como você esperaria que uma tenca fosse.[19]

E, finalmente, há Marco Polo, o mais famoso de todos os viajantes europeus da Idade Média. Marco pertencia a uma família de viajantes. Em 1260, seu pai, Nicolo, e seu tio, Mafeo, haviam empreendido uma viagem de negócios de Constantinopla à Criméia que inesperadamente os conduzira para a Ásia Central e a China, de onde eles retornaram em 1269. Acompanhados dessa vez pelo jovem Marco, partiram novamente em 1271, nessa ocasião como representantes credenciados do papa, de posse de mensagens diplomáticas para o Kūbīlāy Khān da China (o Kubla Khān de Coleridge). Uns três anos e meio depois, o grupo chegou à residência de verão de Kūbīlāy em Shang-tu (Xanadu). Os Polo permaneceram na China pelos 17 anos seguintes. Durante esse tempo, Marco parece ter ocupado algum tipo de posição na burocracia imperial, talvez como fiscal, e foi capaz de viajar freqüentemente e observar. Mais ou menos em 1291, os Polo foram convocados para escoltar a princesa do Irã, e o fizeram pelos mares do sul da China, por Java, Sumatra, Ceilão, Índia e pelo estreito de Ormuz. Depois disso, voltaram para casa via Tabriz, Trebizonda e Constantinopla, alcançando finalmente Veneza, em 1295. Marco então teve suas viagens escritas para ele (e de certa forma embelezadas) por um *ghost-writer*, Rusticiano de Pisa.

A consciência da grandeza e da estranheza do mundo como evidenciada nos escritos de Ruysbroek, Joinville e Marco Polo (e vários outros do período c. 1250-1320) foi um importante fator para o desenvolvimento da mente européia. Os horizontes mentais dos guerreiros do século XI que ouviram a *Chanson de Roland* eram limitados e ignorantes. Mas na altura do começo do século XIV, um número considerável de ocidentais estava ciente de que o mundo também tinha montanhas e mares, animais e pessoas, costumes e crenças, que eram quase inimaginavelmente diferentes daquilo com que estavam acostumados em casa. Não pode ser uma total coincidência que o mesmo período tenha nos deixado evidências das primeiras tênues auroras da noção de que também poderia haver uma pluralidade de religiões no mundo. Essa foi uma mudança de importância crucial no amadurecimento da mente da cristandade européia. Mas antes que possamos abordar isso, há certas questões a serem resgatadas em outras áreas de investigação. O que estavam fazendo negociantes venezianos como os Polo ao atravessar o Velho Mundo em direção ao Oriente, para Pequim e Xanadu? Quando vimos pela última vez os mercadores venezianos, mais ou menos no ano 1000, eles apenas começavam a avançar pelo Adriático, em direção a Constantinopla e Alexandria. Muito aconteceu desde então.

4
Comércio, coexistência e saber

EM ALGUM MOMENTO POR VOLTA de 1050, uma senhora judia em Jerusalém escreveu para seu fornecedor no Egito, a fim de encomendar "Shadhūna qirmiz". Shadhūna é Medina-Sidonia, no sul da Espanha. Qirmiz é um corante produzido a partir da trituração do besouro *Coccum ilicis*, que vive na casca do azevinho. A palavra "carmesim" deriva daí. Aproximadamente três quartos de século mais tarde, para sermos mais precisos, em 11 de agosto de 1125, um mercador de Alexandria de nome Ibn Halīf morria em Almeria, no sudeste da Espanha, durante uma viagem de negócios. Sabemos desses acontecimentos graças a documentos que por acaso se conservaram até hoje e a uma inscrição numa lápide. Esses fatos fornecem dois pequenos exemplos da unidade comercial do Mediterrâneo naquele tempo — com mercadorias e pessoas circulando de uma ponta a outra — e da hegemonia de negociantes judeus e islâmicos na região.

Trata-se de uma hegemonia que já estava sendo desafiada por rivais do mundo cristão, mais especificamente e em primeiro lugar, da Itália. Como vimos no capítulo 2, durante o século X mercadores de Amalfi e de Veneza já estavam se aventurando pelos portos do Egito em busca dos artigos de luxo que as classes abastadas da Europa ocidental queriam. Outros logo seguiram o exemplo. Na altura dos anos 1060, o comércio entre Pisa e Tunísia estava tão bem estabelecido que um negociante judeu, em carta a um colega, pôde se referir casualmente a uma venda de pimenta em al-Mahdīyya (Mahdia, na costa entre Sfax e

Brixen

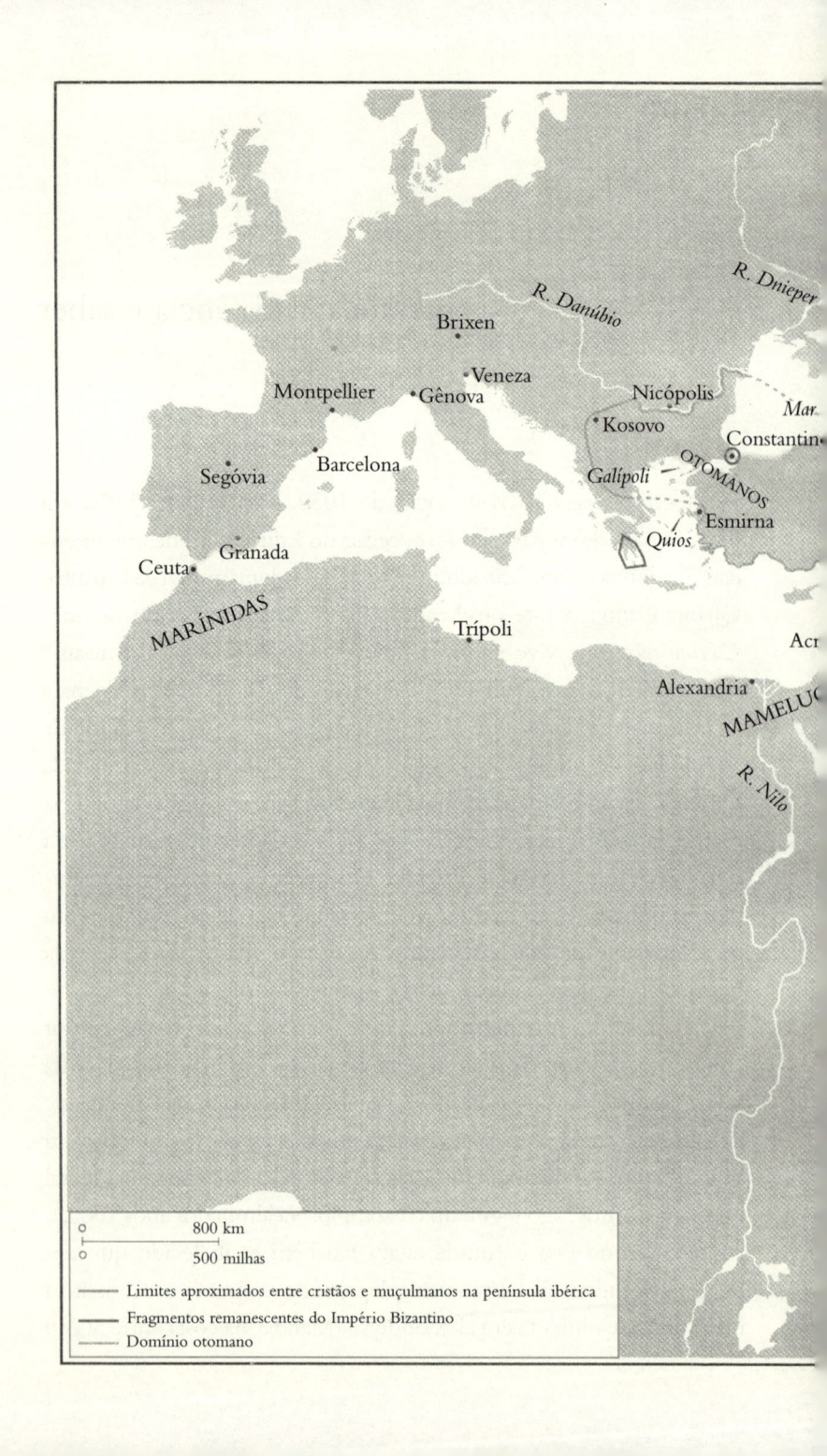

R. Danúbio

R. Dnieper

Veneza

Montpellier • Gênova

Nicópolis

Mar

Kosovo

Constantin

Segóvia

Barcelona

Galípoli

OTOMANOS

Esmirna

Quios

Ceuta • Granada

MARÍNIDAS

Trípoli

Acr

Alexandria

MAMELU

R. Nilo

0	800 km
0	500 milhas

——— Limites aproximados entre cristãos e muçulmanos na península ibérica
——— Fragmentos remanescentes do Império Bizantino
- - - - Domínio otomano

Mapa 4: O mundo mediterrâneo, c. 1400

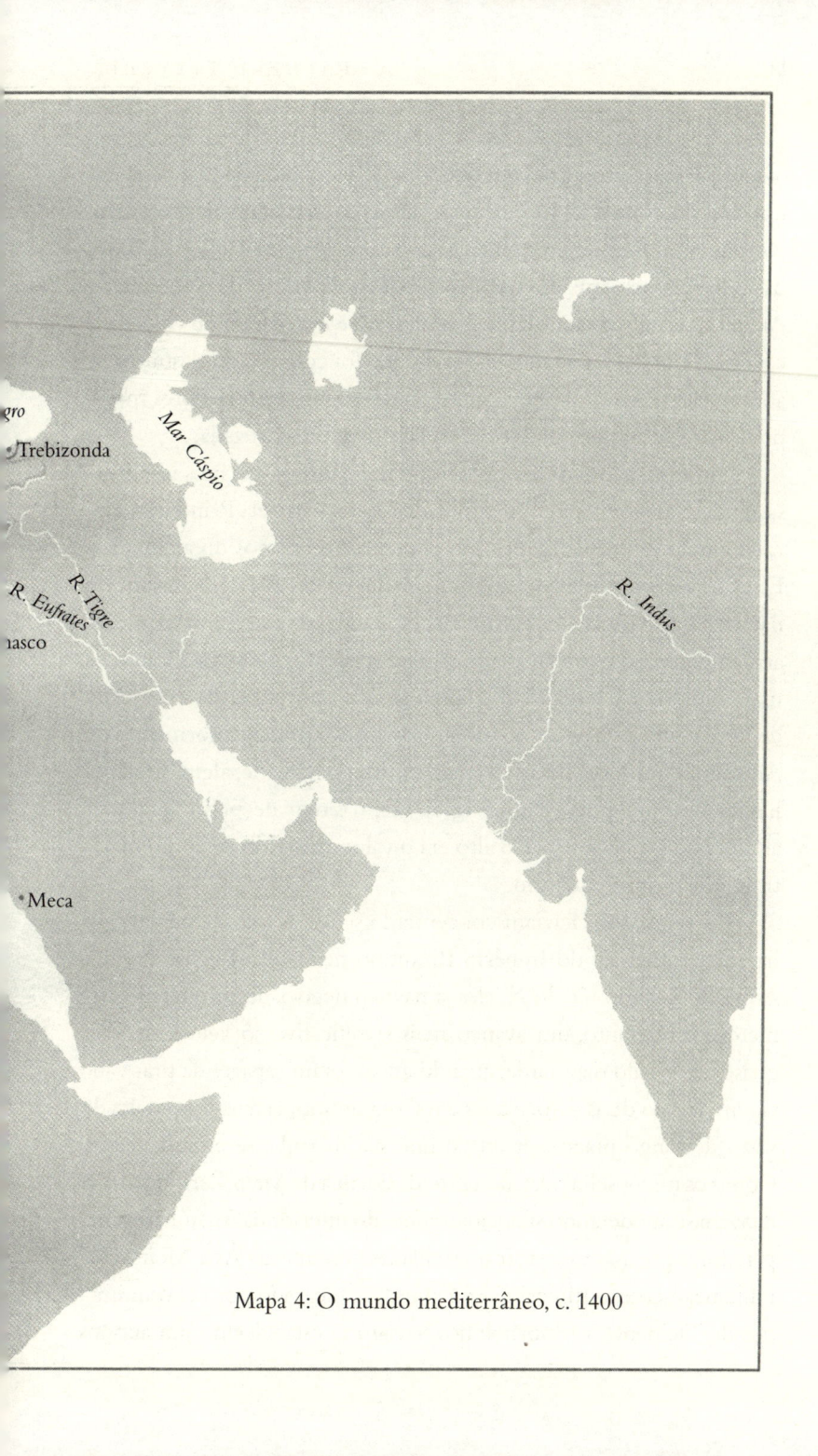

Susa, na Tunísia moderna) em que foi usada a moeda de Pisa. Esse era um cenário comercial turbulento, onde as apostas eram altas, e os riscos, enormes. Comércio e pirataria andavam de mãos dadas. Em 1087, os pisanos, acompanhados na ocasião por contingentes de Gênova e de Amalfi, atacaram e saquearam al-Mahdīyya e navegaram de volta para casa com um butim e tanto. Parte do que foi conseguido destinou-se ao embelezamento de seu Campo Santo. Alguns historiadores interpretaram esse ataque como uma espécie de proto-Cruzada.

Portanto, não é de estranhar que mercadores italianos se apressassem em aproveitar as oportunidades oferecidas pela Primeira Cruzada e pelo estabelecimento dos principados cristãos do além-mar. Esses novos postos avançados eram vulneráveis. Eles precisavam de navios para abastecê-los com as necessidades básicas, como comida e armamentos. Só os italianos podiam fazer isso. Os genoveses foram os mais rápidos na largada: exatamente um ano antes da conquista de Jerusalém eles haviam obtido junto ao novo príncipe normando de Antioquia um local de armazenamento nessa cidade, além de trinta habitações, um poço e uma igreja, sem terem de pagar qualquer aluguel ou taxa por isso, tão alto era o valor atribuído ao apoio marítimo que proporcionavam.

Os venezianos haviam concentrado seus esforços na penetração da zona comercial do Império Bizantino nos mares Egeu e Negro. Antes do final do século X, eles já haviam negociado um tratado comercial. Entretanto, um avanço mais significativo só veio a ocorrer quase um século mais tarde, quando então foram capazes de tirar vantagem do fato de as autoridades em Constantinopla terem, por falta de visão de longo prazo, permitido que sua marinha se enfraquecesse. Como os turcos seljúcidas, no rastro da Batalha de Manzikert, em 1071, estavam se apoderando silenciosamente do interior da Anatólia, os imperadores precisavam reforçar as cidades costeiras da Ásia Menor. Simultaneamente, o Império se encontrava ameaçado por novos inimigos do Ocidente. Os normandos haviam se estabelecido em antigos territórios bizantinos no sul da Itália e na Sicília, criando, em conseqüência, um estado de mútua hostilidade entre eles e o governo imperial em Constantinopla. Em 1081, um exército normando cruzou o Adriático, apoderou-se de Corfu e cercou Durazzo (Durrës, na costa adriática da Albânia moderna). Os venezianos saíram em auxílio do Império, mas cobraram um preço alto. Os privilégios comerciais que eles garantiram em 1082 os deixaram numa posição de vantagem comercial quase inabalável, situação que, com períodos de altos e baixos, manteve-se por um século ou mais.

Eles não desprezaram, durante o século XII, as oportunidades que se abriam nos Estados cristãos do além-mar. Privilegiadas áreas de comércio veneziano foram negociadas nas cidades marítimas de Acre e Tiro — e eram muito privilegiadas mesmo. Em Tiro, os venezianos exigiram, protegeram e guardaram com zelo o total de um terço não apenas da cidade, mas do campo ao redor também. Após a conquista latina do Império Bizantino, durante a catastrófica Quarta Cruzada, os venezianos serviram-se de inúmeras ilhas no mar Egeu e de fortalezas em terra firme, no Peloponeso — Creta, Evia, Andros, Naxos, Santorini, Methoni, Koroni... As ilhas passaram a constituir o "Ducado do Arquipélago", sob o domínio da poderosa família Sanudo. De potência comercial, Veneza passou a potência imperial. Porções de seu império se provaram extremamente duradouras. Creta manteve-se como uma possessão até 1669. A última de suas fortificações no sul do Peloponeso rendeu-se aos turcos otomanos apenas em 1718.

Os genoveses chegaram tarde à área de comércio bizantina, em comparação com seus rivais venezianos. De 1155 em diante houve uma modesta presença em Constantinopla, mas só um século mais tarde eles tiveram sua grande chance. Em 1261, ajudaram na restauração de um imperador grego em Constantinopla, e foram recompensados com privilégios comerciais, à custa dos venezianos. Depois disso, estabeleceu-se uma intensa disputa entre as duas cidades por primazia comercial. Bases genovesas seriam encontradas não apenas em Constantinopla, mas também no mar Egeu, na Criméia e na costa do mar Negro, em Trebizonda. Algumas dessas bases também tiveram vida longa. Os genoveses mantiveram a ilha de Quios, por exemplo, até 1566. Também atuaram perto de casa, no Mediterrâneo central e ocidental. Na metade do século XII, o investimento genovês em empreendimentos comerciais junto à Sicília só foi suplantado pelo que fizeram no Egito e nos Estados do além-mar; e já havia um modesto, mas ainda assim significante, investimento na Espanha, na Tunísia, na Argélia e no Marrocos. (Felizmente, podemos reconstruir esses padrões de investimento com algum detalhe devido à conservação de registros de tabeliões na segunda metade do século XII.) Mercadores genoveses começaram até mesmo a se aventurar para fora do estreito de Gibraltar e a abrir caminho descendo a costa atlântica do Marrocos. Logo alguns deles seriam até mais audaciosos. Em 1291, os irmãos Vivaldi partiram "para as regiões da Índia pelo caminho do mar".[1] Nunca mais se ouviu falar neles. Dois séculos depois, outro explorador mercantil genovês seria mais bem-sucedido.

Tradicionalmente, historiadores têm a tendência de escrever sobre o comércio medieval no mundo mediterrâneo como se a atividade dissesse respeito quase que exclusivamente a mercadores da Itália. Essa concentração em venezianos, pisanos e genoveses deixou outros em segundo plano. Havia mercadores ativos em diversas cidades do sul da França, a principal delas Marselha, e também nas cidades do leste da Espanha, acima de tudo Barcelona. Um registro de contratos do ano de 1248 foi conservado, e mostra que um único navio de Marselha transportou para os Estados cristãos do além-mar uma carga de (predominantemente) tecidos, muitos deles de manufatura local (Avignon, Narbonne, Tarascon), mas alguns trazidos de muito mais longe, incluindo fardos do famoso tecido de Stamford, na Inglaterra. Barcelona foi uma das grandes histórias de sucesso urbano dos séculos XII e XIII. O comércio costeiro do litoral mediterrâneo expandiu-se em redes de ainda maior alcance, comércio e bandeira estando inextricavelmente ligados à medida que os soberanos da federação conhecida como *Corona de Aragón*, a "coroa de Aragão", construíam um império marítimo que incluía as ilhas Baleares (1229-1232), a Sicília (1282) e partes da Sardenha. Entrepostos catalães também se encontravam enfileirados ao longo da costa do norte da África. Na altura de 1300, o alcance da ágil comunidade de negócios de Barcelona estendia-se ao sul pelo Saara e a leste até os mares Negro e Vermelho.

Alguns desses avançados postos coloniais eram eles mesmos uma fonte de mercadorias para o comércio. Os Estados do além-mar propriamente ditos não eram particularmente produtivos, embora a seda confeccionada em Antioquia, em Trípoli e em Tiro tenha chegado ao Ocidente, assim como havia chegado o açúcar — então um grande luxo —, proveniente de plantações no vale do Jordão. Os genoveses importavam alume — agente fixador vital para o tingimento de tecidos — de Esmirna e Trebizonda para os tecelões e pisoeiros da cristandade ocidental. Sua ilha de Quios era a principal fonte de mástique, uma resina aromática muito procurada pelos nobres da Europa, e usada em parte como pasta de dentes, em parte como goma de mascar.

Entretanto, o mais significante traço desse surto de atividade comercial, e em muitos aspectos o motor que o impulsionou, foi a conquista do acesso a rotas comerciais cujas extremidades mais longínquas ficavam em países exóticos, onde nenhum mercador europeu jamais havia colocado os pés. A parte norte dos Estados cruzados do além-mar ficava na ponta ocidental de uma rota terrestre que avançava pelo norte da Mesopotâmia e do Irã até a Ásia Central e, finalmente, a China, caminho que seria trilhado pela família Polo no século XIII. Mercadores baseados no Egito podiam navegar em direção ao sul pelo mar Vermelho e alcançar o oceano Índico. O florentino Francesco Pegolotti, que por volta de 1330 editou um manual para mercadores, listou quase trezentas "especiarias", a maioria das quais seria importada do Oriente para a Europa mediterrânea. "Especiaria" era um termo elástico, que incluía ingredientes farmacêuticos, cosméticos, corantes e frutas exóticas, assim como as especiarias culinárias propriamente ditas. A lista é uma revelação do que o Ocidente queria (e do alto preço que estava disposto a pagar) no tempo de Pegolloti: canela, cominho, tâmara, fenogrego, gengibre (cinco tipos), anil, garança, almíscar, ópio, sândalo, ovos de bicho-da-seda, terebintina... Enquanto isso, no outro lado do Mediterrâneo, nas cidades da costa da Barbária, genoveses e catalães moviam-se com liberdade na extremidade norte das rotas de comércio que se estendiam através do Saara até o ouro, o marfim e os escravos que seriam obtidos em mercados como Toumbuctou, no Níger.

Dessa maneira, entre mais ou menos 1050 e 1250, uma hegemonia mercantil da Europa Ocidental e cristã gradualmente suplantou a hegemonia muçulmano-judaico-grega que até então predominava. Apesar de mais tarde ameaçada em mais de uma ocasião, por exemplo, pela expansão dos turcos otomanos (ver capítulo 5), essa supremacia nunca seria derrubada. Isso teve conseqüências de longo alcance. A ligação do comércio mediterrâneo com o comércio marítimo do norte da Europa, combinada com o avanço de tecnologias e de infra-estruturas financeiras (parcerias comerciais, facilidades de crédito, operações bancárias, contabilidade, seguro marítimo etc.), deu origem ao capitalismo mercantil europeu, que mais tarde alcançaria domínio mundial.

Esses desdobramentos não fazem parte da nossa história. O que *faz*, entretanto, é a desconcertante questão: por quê? Como os mercadores ocidentais foram capazes de ultrapassar seus rivais durante o período central da Idade Média? Não há uma resposta óbvia. O ressurgimento político da cristandade no Mediterrâneo — Cruzadas, Sicília, Espanha — não entregou esse mar, como alguns historiadores afirmam, ao "controle" ocidental. A pirataria não foi reprimida, e continuou endêmica na região até o século XIX. A noção de "controle" do Mediterrâneo antes da era moderna (ou até, talvez, durante) não faz muito sentido. O mundo islâmico estava muito mais aparelhado do que a cristandade no que diz respeito aos recursos que sustentam o comércio — tecnologia, habilidades, mercadorias, atitudes —, embora o Ocidente tenha sido rápido em se igualar (como veremos em breve). Numa análise superficial, o argumento de que o comércio floresce mais prontamente em sociedades que desenvolveram instituições capazes de promover paz, ordem e estabilidade parece mais promissor. Numa visão ampla e geral, a cristandade lentamente alcançou essa condição, enquanto o Mediterrâneo islâmico — mas não outras partes do mundo islâmico — lentamente a perdeu. Entretanto, num exame mais cuidadoso, o argumento é derrubado. Os Estados mais avançados da Europa medieval, em termos institucionais, não se encontravam na parte mediterrânea da revolução comercial, e sim mais acima, para o norte. A Itália e a coroa de Aragão não se destacaram pela paz, ordem e estabilidade durante o período medieval. Uma variante desse argumento merece ponderação. Cidades governadas por mercadores para mercadores, seja como repúblicas independentes (Veneza), seja como comunidades que administravam praticamente sozinhas seus próprios negócios sob o domínio de monarcas sabiamente não-intervencionistas (Barcelona), vão se esforçar para estimular o comércio. Cidades desse tipo floresceram na cristandade mediterrânea. Por que não floresceram no Mediterrâneo islâmico? Essa pergunta permanece aberta, e descortina amplos horizontes.

Negociantes de culturas diferentes precisam se comunicar. Não sabemos como eles o faziam, no sentido literal da língua que usavam. O número de termos em "árabe comercial" que foram adotados pelas línguas européias modernas sugere a existência de um dialeto internacional da comunidade mercantil. Por exemplo, vários dos termos para "alfândega" em línguas neolatinas — *aduana, dogana, douane* e assim por diante — derivam do árabe (originalmente persa) *dīwān*, que significa "um livro de contabilidade" e, por extensão, um departamento do governo que contém coisas do tipo; um registro. Um outro indicador da cultura compartilhada do mundo mercantilista está na difusão de numerais "arábicos" — eles eram originalmente indianos — durante os séculos XIII e XIV.

Não sabemos qual deve ter sido a atmosfera desses encontros porque não contamos com o tipo de fonte que nos daria essa informação. Será que mercadores islâmicos e cristãos se encontravam com desconfiança? Com amabilidade forçada? Ou com a amizade cautelosa que um aristocrata proprietário de terras como Usāmah ibn Munqidh desfrutava com seus conhecidos esportistas entre os francos dos Estados do além-mar? Fazemos esse tipo de pergunta em vão.

Sabemos mais a respeito do tom de outros tipos de relacionamento. A respeito de governantes e governados, por exemplo. A expansão política da cristandade no Mediterrâneo, durante a época das Cruzadas, introduz uma questão com a qual os círculos governantes, tanto no Estado quanto na Igreja, não estavam acostumados. Como administrar comunidades de pessoas de uma cultura estrangeira? Um contraste freqüentemente se delineia entre preceitos islâmicos e cristãos a esse respeito. Como vimos no capítulo 1, a lei islâmica decreta tolerância para com o "povo do Livro". A lei cristã, não. E o resultado disso é que o tratamento dispensado aos povos muçulmanos conquistados dependia dos caprichos das autoridades. Na prática, o contraste não era tão claro como os preceitos divergentes podem sugerir. O povo do Livro experimentou várias formas de restrição sob o domínio islâmico, no fim das contas um tanto quanto incômodas. Seus cidadãos eram declaradamente de segunda classe. Além do mais, com o passar do tempo, tiveram uma progressiva diminuição do *status*. Os processos associados de conversão para o islã e da emergência de uma sociedade islâmica mais aberta (ver capítulo 2) tiveram o efeito de fechar algumas das esferas de influência previamente conquistadas pelos povos do Livro. As carreiras burocráticas de João Damasceno e seus antepassados nos séculos VII e VIII teriam sido quase inconcebíveis nos séculos XI ou XII (não considerando o domínio mongol no século XIII, mas essa é uma outra história).

Na outra metade dessa divisão cultural, o potencial para a aspereza no livre exercício do capricho ou do desvario era temperado — não invariavelmente, é claro, mas com freqüência — pela pressão das circunstâncias. A mais significativa dessas pressões era a necessidade de manter como força de trabalho uma população subjugada. Os muçulmanos nativos das áreas rurais dos Estados do além-mar em geral não foram desalojados, mas sim encorajados a permanecer e trabalhar a terra. Por segurança, a elite cristã decidiu viver em cidades fortificadas e castelos. A vida rural continuou basicamente como sempre havia sido: aluguéis e obrigações eram pagos como antes, porém a novos senhores. Isso não significa que tudo fosse harmônico. Muçulmanos sob o domínio cristão, como cristãos sob o domínio muçulmano, eram submetidos a várias medidas discriminatórias como, por exemplo, a que diz respeito ao tipo ou à cor das roupas que podiam ou não usar. Os convertidos do islã para a cristandade podiam cruzar as barreiras sociais (não necessariamente com tranqüilidade, nem sempre encontrando receptividade). Aqueles subjugados que mantinham sua fé islâmica eram encarados com suspeita e mantidos a distância.

No Mediterrâneo central e no ocidental existem regiões nas quais a coexistência do muçulmano com o cristão durou mais tempo do que nos principados de vida curta do além-mar. Quando aventureiros normandos conquistaram a Sicília, no século XI, se viram senhores de uma população mista de muçulmanos e cristãos (os últimos mais gregos do que latinos quanto à religião). O patrocínio da corte encorajou uma mistura de culturas que rendeu progressos notáveis na área do conhecimento e belas conquistas na área das artes, como por exemplo a catedral de Monreale, próxima a Palermo, construída entre 1174 e 1189. Não devemos nos precipitar e concluir que essa fosse uma sociedade harmônica. Muitos muçulmanos que tiveram condições migraram para a África durante os séculos XII e XIII (exatamente como anteriormente um grande número de cristãos havia migrado da África para a Itália cristã — ver capítulo 2). Os muçulmanos mais humildes que ficaram sofreram sob o domínio cristão. No rastro de uma prolongada revolta, em 1223, o imperador Frederico II — naquela conjuntura o reino da Sicília estava unido de forma precária ao Sacro Império Romano-Germânico — deportou da ilha a maior parte da população muçulmana que restava, umas vinte mil pessoas, para o sul da Itália, no continente, onde eles aos poucos foram assimilados pela cultura cristã. Foi uma solução que em determinados aspectos prenunciou a expulsão dos mouriscos da Espanha, quase quatro séculos mais tarde.

A doutrina islâmica encorajou a migração. "A obrigação de emigrar das terras da descrença vai continuar até o Dia do Juízo Final."[2] Assim estabelecia uma decisão judicial atribuída ao jurista e erudito Ibn Rushd de Córdoba, mais conhecido no Ocidente como Averróis. Alguns emigravam voluntariamente. O êxodo muçulmano de Saragoça, depois de sua conquista pelos aragoneses, em 1118, transformou-a numa cidade fantasma. Outros foram obrigados a partir. Os conquistadores castelhanos de Sevilha expulsaram, em 1248, cada um dos muçulmanos da cidade, num ato que mais tarde viria a ser chamado de limpeza étnica, com a finalidade de torná-la exclusivamente cristã. Mas a conseqüência é impressionante. A política praticada em Sevilha foi logo revertida. Os conquistadores não podiam fazer a cidade funcionar sem permitir que seus habitantes retornassem e ajudassem a povoá-la. Assim, tanto nos Estados do além-mar como na Espanha, as autoridades cristãs quiseram que os muçulmanos derrotados ficassem e trabalhassem. Aqueles que ficavam eram conhecidos pelo termo árabe *al-mudajjar*, que significa "autorizado a permanecer", e que originou a palavra espanhola *mudéjar*, usada por historiadores modernos (como substantivo e como adjetivo) para caracterizar a cultura dos muçulmanos que viviam sob o domínio cristão na península ibérica.

A distribuição geográfica dos mudéjares estava longe de ser uniforme. Por exemplo, quase não havia nenhum deles na Catalunha, enquanto que na vizinha Valência — mais a região do que a cidade — os mudéjares amplamente superavam os cristãos em número, talvez na proporção de cinco para um; uma identidade islâmica na fé, língua e cultura iria persistir por séculos. Valência era atípica nesse ponto. Em outras partes da Espanha e de Portugal foi muito mais difícil manter essa identidade. A emigração da elite islâmica, como ocorreu na Sicília, não chegou a deslocar todos, mas muitos dos líderes da comunidade. O confisco da principal mesquita de uma cidade conquistada, e freqüentemente sua conversão em catedral cristã, como em Córdoba, afrouxou a coesão social mantida pelos cultos comunitários regulares. Em geral, os mudéjares eram pessoas de baixa condição econômica e social, tipicamente dedicados a ocupações como condução de mulas, jardinagem, lavanderia, construção e olaria. Enriqueceram os vernáculos neolatinos com milhares de palavras derivadas do árabe, e o artesanato peninsular com trabalhos em gesso, madeira, olaria e cerâmica; entretanto, não eram autorizados a se juntar à cultura dominante, a não ser pagando o preço da conversão. Assim como o povo do Livro sob uma ordem islâmica, os muçulmanos sob o domínio cristão eram cidadãos de segunda classe, discriminados de uma forma que deixava a sujeição deles bem clara, e que talvez fosse concebida para humilhar. Os mudéjares não podiam assumir nenhum papel na administração municipal das cidades em que viviam. Eles eram discriminados pela lei de várias formas: punições monetárias menores, por exemplo, eram cobradas por crimes contra eles, de forma que, friamente falando, era mais barato para um cristão roubar um muçulmano do que um companheiro cristão. Os mudéjares podiam facilmente se tornar escravos — toda a população de Menorca foi escravizada com a conquista em 1287 — e obstáculos legais foram concebidos para impedir que eles alcançassem a liberdade. Quando a hóstia era transportada pelas ruas em procissões públicas, eles eram obrigados a se ajoelhar. Artistas gostavam de representá-los em posturas submissas. O rei Sancho IV de Castela (1284-1295) observou no livro de conselhos escrito para seu filho que "o mouro é simplesmente um cachorro, e a moura, uma cadela".[3]

Um exame detido dos exemplos acima vai mostrar que muitos entre eles são o que chamamos de "normativos" ou "prescritivos", o que significa dizer que foram retirados de decretos legais que, no entanto, podem não ser indicadores confiáveis da realidade social. Ou podem. Como o historiador irá saber? Para dar um exemplo simples, quando os regulamentos municipais espanhóis determinavam segregação nas casas de banho — dias diferentes para cristãos, muçulmanos e judeus —, devemos concluir que a regulamentação era necessária porque a determinação não estava sendo cumprida? Ou foi instituída por uma razão totalmente diferente, por exemplo, uma razão fiscal, de forma que as autoridades pudessem multar o responsável pela casa de banhos acusado de infringir o regulamento?

O exemplo dos banhos municipais nos faz lembrar que aquilo que os historiadores chamam pelo termo espanhol *convivencia*, o "viver lado a lado" de cristãos e muçulmanos na Espanha e em Portugal na Idade Média, chegou a níveis de intimidade na vida social que a documentação dessa época raramente esclarece. Onde você morava, como se vestia, por que ruas andava, onde fazia compras, ou tomava banho, ou se livrava do lixo doméstico, sua linguagem e seus gestos, que comida você comia e como preparava essa comida, os animais de estimação que mantinha, como educava suas crianças, quais as imprecações que dizia quando estava com raiva... Tudo isso indicava identidade cultural, e sinalizava, portanto, fronteiras que podiam ou não ser negociáveis, limites dos quais se precisava aproximar com cautela.

As relações sexuais eram o mais íntimo dos níveis de contato e potencialmente o mais explosivo. Elas foram investigadas por David Nirenberg com sutileza e sensibilidade, num estudo recente baseado nos abundantes arquivos que foram preservados nos territórios da coroa de Aragão (a única área no mundo mediterrâneo onde a documentação de fato ilumina essas interações, de resto obscuras). Em Daroca, uma pequena cidade em Aragão, em 1311, circularam rumores de que uma moça cristã chamada Prima Garsón estava tendo um caso com um vizinho muçulmano chamado 'Alī. Aterrorizada, Prima fugiu. 'Alī foi queimado na fogueira. Quando Prima foi finalmente encontrada, um exame médico estabeleceu que ela era virgem. Prima era, portanto, inocente; como também era o desafortunado 'Alī. Não se trata de uma história bonita. Prima fugiu apavorada porque, pela lei, *ambos* os participantes em uma relação sexual entre um homem muçulmano e uma mulher cristã eram passíveis de pena de morte. Nos relacionamentos entre um cristão e uma muçulmana, embora o homem pudesse sofrer uma reprovação, era a mulher quem era punida: a lei decretava pena de morte, que normalmente era trocada por escravidão. (Sexo com escravos, a propósito, era permitido e freqüente em todas as três religiões, em todo o mundo mediterrâneo.) A escravidão era lucrativa tanto para a Coroa, que podia vender o escravo, como para os acusadores, que eram recompensados com uma porcentagem do preço de venda. Para a mulher condenada, a única forma de escapar era converter-se ao cristianismo. Um caso de 1356 revela o tipo de abuso — em todos os sentidos — que podia ocorrer. Haviam descoberto que (ninguém menos que) os monges de Roda estavam se deitando com mulheres muçulmanas, e então denunciando-as às autoridades por prática ilícita de sexo, de forma que fossem escravizadas. Depois, sob o privilégio da Coroa, mantinham-nas para seu futuro prazer ou para venda.

A opinião islâmica apoiava a lei cristã. Em 1347, os mudéjares de Valência solicitaram ao rei que confirmasse a pena de morte sem opção de compensação monetária para mulheres muçulmanas declaradas culpadas de praticar sexo com não-muçulmanos. Transgredir fronteiras sexuais manchava não apenas a honra da família da mulher, mas a honra coletiva da comunidade muçulmana local. Ysa Yabir de Segóvia, autor de um livro de doutrinação para muçulmanos espanhóis no século XV, foi categórico na proibição: "Homens ou mulheres, o fato é que não devem dormir ou casar com os descrentes."[4] Era uma questão de fidelidade religiosa, não de raça. Há evidência histórica suficiente de casamentos de homens cristãos com mulheres muçulmanas convertidas ao cristianismo, além de relatos literários de obras como *Digenes Akrites*.

Isso acontecia mesmo nos níveis mais altos. Uma das muitas esposas de Afonso VI de Castela (1065-1109) foi a princesa Zaida, viúva de um governador de Córdoba cujo pai era o mais poderoso entre os soberanos dos Estados *taifa*, o emir al-Muʿtamid de Sevilha (1069-1091). O filho deles, Sancho, teria sucedido seu pai no trono de Castela se não tivesse sido morto na desastrosa Batalha de Uclés, em 1108. A *convivencia* era sempre tensa, nunca tranqüila. Fosse nos Estados do além-mar, na Sicília ou na Espanha, muçulmanos e cristãos viviam lado a lado, mas não se misturavam. Essas eram sociedades multiculturais apenas no sentido bastante limitado de que povos de diferentes culturas compartilhavam o mesmo território. Elas de modo algum seriam consideradas multiculturais no sentido de integradas, como o termo é entendido hoje. O que, aliás, nunca tentaram ser. O multiculturalismo nunca seria entendido como um benefício por aqueles como o rei Sancho IV ou Ysa Yabir ou para a gente da cidade de Daroca, que queimou até a morte o desafortunado e inocente ʿAlī.

Em longo prazo, a mais produtiva área de interação entre cristãos e muçulmanos durante a época das Cruzadas estava na vida intelectual. Como vimos no capítulo 2, um grande progresso cultural do início do período abácida foi a aquisição, pela comunidade islâmica de estudiosos, dos conhecimentos científicos e filosóficos do mundo antigo, por meio da tradução para o árabe dessa herança escrita. Nós já pudemos observar brevemente a difusão desse *corpus* de conhecimento em todo o *Dār-al-Islām*, e depois o nascimento, nos interesses matemáticos de Gerberto de Aurillac, de uma consciência de que estudiosos do Ocidente tinham muito a aprender com seus vizinhos muçulmanos. Durante os séculos XII e XIII, esse *corpus* árabe foi traduzido para o latim, a língua do saber na cristandade do Ocidente, e assim tornado disponível para estudiosos. Esse foi um processo cuja importância para a história intelectual do mundo seria difícil exagerar.

Vamos tomar o exemplo de Adelardo de Bath, que foi recentemente descrito como "o primeiro cientista inglês".⁵ Adelardo, que viveu entre c. 1080 e c. 1150, viajou extensamente pelas fronteiras culturais da Sicília e da Síria, durante sete anos, no começo do século XII. Houve um tempo em que se acreditava que ele também havia visitado a Espanha, mas estudos contemporâneos lançaram dúvidas a esse respeito. (Sua carreira não é documentada em detalhes. Uma das únicas certezas é esta: sabemos que esteve em Mamistra, atual Mísia, perto de Adana, no sudeste da Turquia, em novembro de 1114, quando a região foi abalada por um terremoto. A ponte que Adelardo viu tremer em Mísia naquela ocasião ainda está de pé.) Durante essas viagens, Adelardo adquiriu livros e também, presumivelmente, o conhecimento de árabe que lhe possibilitaria traduzi-los. Seus trabalhos incluem duas traduções, assim como textos originais que revelam um débito com o conhecimento árabe. Sua tradução de *Elementos*, de Euclides, feita a partir da versão árabe do livro, apresentou a cristandade latina ao mais influente manual de geometria jamais escrito, um trabalho que se tornaria o texto didático padrão no Ocidente pelos oito séculos seguintes. Sua tradução do *Zijj*, ou tabelas astronômicas, de al-Khwārizmī (†840), revisada por Maslama al-Madjriti ("de Madri"; †1007), tornou acessível o mais atualizado livro de referência astronômica então existente. Além de traduções, Adelardo escreveu um livro didático sobre o ábaco, um tratado sobre como cuidar de falcões e um trabalho no qual explicava o uso do astrolábio, escrito para o príncipe Henrique, que viria a se tornar o rei Henrique II da Inglaterra (1154-1189). Adelardo também se interessou por astrologia — naquela época amplamente considerada como uma ciência exata — e preparou dez horóscopos para membros da família real inglesa próximo ao fim de sua vida. O texto dessas previsões foi preservado, no que aparenta ser a própria letra de Adelardo, num manuscrito na Biblioteca Britânica.

A carreira de Adelardo é fascinante sob todos os aspectos, em particular na demonstração das ligações entre conhecimento e poder.

Os registros fragmentados de sua vida indicam que desfrutou o convívio de ilustres após retornar de suas viagens, e o trabalho que ele estava fazendo no fim de seus dias sugere que naquela época ocupava a posição de astrólogo da corte real. Se isso é verdade, sendo incumbido do trabalho de contar a seu soberano o que aconteceria em seguida, e mesmo o que ele deveria fazer a respeito, Adelardo seria uma pessoa de fato muito importante, um conselheiro político nos níveis mais elevados. Oportunidades desse tipo parecem ser parte importante dos atrativos do saber exótico nos séculos XII e XIII.

Adelardo situa-se no começo de um período de intensa atividade tradutória para o latim, tanto do árabe quanto do grego, que resultaria numa verdadeira cornucópia de conhecimento despejada para o esclarecimento de estudiosos ocidentais. A maior parte dessas atividades aconteceu na Espanha e na Itália, com uma parcela muito modesta realizada nos Estados cristãos do além-mar. Na Itália, a tendência era de estudiosos traduzirem direto do grego para o latim. Assim, por exemplo, Giacomo de Veneza, um contemporâneo de Adelardo, traduziu muitos dos trabalhos científicos de Aristóteles. Na Espanha, a tradução privilegiava as obras em árabe, incluindo versões de trabalhos gregos. A desvantagem de traduzir a partir de uma outra tradução foi compensada pelo acréscimo de comentários e ampliações feitos pelos estudiosos muçulmanos que mediaram o processo. Assim, por exemplo, o estudioso irlandês Michael Scot traduziu os escritos de Aristóteles, *Das partes dos animais*, em Toledo, em mais ou menos 1216, junto com o comentário de Ibn Sīnā (ou Avicena: ver capítulo 2) sobre eles.

Esse grande investimento não foi planejado, assim como não foi planejada a fase anterior de transmissão do grego para o árabe. Inevitavelmente, portanto, trabalhos foram duplicados. *Almagesto*, de Ptolomeu, o mais importante tratado de astronomia da Antiguidade, foi traduzido do grego para o latim por um escritor desconhecido que trabalhou na Sicília por volta de 1160. Mais ou menos nessa época, o prolífico tradutor Girolamo de Cremona traduzia a mesma obra do árabe para o latim, em Toledo. Nenhum dos dois estudiosos tinha qualquer maneira de saber o que o outro estava fazendo. Também inevitavelmente, o trabalho era de qualidade variável. A tradução de Michael Scot para *Das partes dos animais*, de Aristóteles, era um tanto descuidada, mais preocupada em transmitir o sentido geral de cada trecho. Uma geração mais tarde, mais ou menos em 1260, outro estudioso, o dominicano flamengo Guilherme de Moerbeke, fez o trabalho novamente. Sua tradução, diretamente do original grego, foi mais cuidadosa, uma versão precisa e literal.

Os métodos de trabalho conhecidos devem ter sido um convite à imprecisão. Um discípulo de Girolamo de Cremona, o inglês Daniel de Morley, que foi ativo como tradutor em Toledo entre 1180 e 1200, deixou-nos uma descrição dos métodos de seu mestre. Girolamo tinha um assistente, Ghalib, o Moçárabe, que passava o texto árabe oralmente para o vernáculo, isto é, o antigo espanhol castelhano, e Girolamo depois o traduzia do vernáculo para o latim e o colocava no papel. No exemplo do *Almagesto* de Ptolomeu, portanto, a cadeia de transmissão foi bastante longa: do grego para o siríaco, do siríaco para o árabe (sob o patrocínio de Barmakid, como vimos no capítulo 2), do árabe oral para o espanhol a um nativo da Itália, e do espanhol entendido por um italiano para o latim. Havia muitas possibilidades de erro, mesmo antes de chegarmos às possibilidades posteriores de erro na hora da cópia dos textos à mão.

Girolamo de Cremona foi o mais prolífico de todos os tradutores. Durante uma permanência de quase cinqüenta anos em Toledo, de c. 1140 até sua morte, em 1187, ele traduziu, de acordo com estimativas de estudos recentes, pelo menos 88 obras do árabe para o latim. De que forma Girolamo e outros estudiosos como ele se sustentavam? Em muitos casos, nós simplesmente não sabemos. Não fazemos idéia, por exemplo, de como Adelardo de Bath financiou suas viagens pela Itália e pela Síria. O patrocínio era um fator indispensável, num período que era anterior, embora não muito, ao surgimento das universidades e da profissão acadêmica. Michael Scot beneficiou-se dos sucessivos patrocínios do arcebispo de Toledo e do imperador Frederico II. Patrocínio arcebispal parece ter sustentado Girolamo de Cremona também, porque ele pode provavelmente ser identificado como o "Mestre Girolamo" que gozava de um canonicato na catedral de Toledo, na segunda metade do século XII. O patrocínio real parece ter ajudado Adelardo de Bath no fim da vida. Em comparação com alguns de seus correspondentes no continente, os soberanos ingleses, entretanto, eram mais avarentos como patronos do conhecimento. Afonso X de Castela (1252-1284) reuniu um time de estudiosos que produziu trabalhos no vernáculo livremente baseados em traduções do árabe: enciclopédias de astronomia e astrologia, um relato ilustrado de xadrez e outros jogos, um guia de pedras preciosas e suas propriedades medicinais ou mágicas, e ainda mais. O exemplo de Afonso X nos lembra que reis podiam e de fato encomendavam trabalhos originais, além de traduções. Rogério II da Sicília (1130-1154) encarregou o estudioso tunisiano al-Idrīsī de produzir um majestoso trabalho de geografia intitulado, de forma elogiosa, *Kitāb ar-Rūjarī*, ou "Livro de Rogério". O autor mandou fazer um globo terrestre de prata para acompanhar sua obra, um exemplo precoce de ilustração interativa. O livro ainda existe; o globo, infelizmente, desapareceu. Frederico II encomendou e em parte escreveu ele mesmo o melhor livro de falcoaria jamais escrito, *De Arte Venandi cum Avibus* [A arte de caçar com falcões]. Os patrocínios continuavam a existir, não só porque estimular o saber fazia parte da glória de um soberano, mas também porque os tradutores estavam fornecendo o que aquela época demandava. Considere-se a obra de Girolamo. Mais da metade dos trabalhos traduzidos por ele lidavam com matemática, astronomia e ciências relacionadas; mais ou menos um terço com medicina; o restante, com filosofia e lógica. Esses foram os ramos do conhecimento que sustentaram a chamada renascença dos séculos XII e XIII.

Se nos posicionarmos mais ou menos um século depois da época em que Adelardo viveu, poderemos ter uma idéia da abundante colheita intelectual que foi realizada. A gama de autores gregos ou árabes então disponíveis para estudiosos como Robert Grosseteste, bispo de Lincoln (†1253), ou seu discípulo Roger Bacon (†1292), teria impressionado os estudiosos do tempo de Adelardo. Da mesma forma o impressionariam as instituições onde podiam ser estudados. O conhecimento havia deixado os monastérios, com sua lealdade pro- fundamente conservadora a uma ementa de estudo quase que apenas dedicada à Bíblia e aos Pais da Igreja. Os eruditos do século XIII estudavam e discutiam em novas instituições chamadas "universidades" — em Paris, Bolonha, Oxford, para nomear apenas três —, com bibliotecas, auditórios e livros didáticos. Toda a atmosfera do saber havia mudado. Nesse e em muitos outros pontos, o século XIII é reconhecidamente parte do nosso mundo moderno.

Seria enfadonho simplesmente listar nomes, portanto, em vez disso, aqui estão três exemplos de disciplinas que foram fomentadas pelo novo conhecimento. Começamos com a teologia. Os três monoteísmos relacionados do judaísmo, cristianismo e islã são religiões "reveladas". Elas se baseiam em revelações divinas concedidas à humanidade e registradas em escrituras sagradas. O resgate do pensamento grego da Antiguidade, e especialmente dos trabalhos de Aristóteles, apresentava um desafio. Ali estava um sistema filosófico que afirmava que o mundo era compreensível sem revelação. O *kit* de ferramentas da razão era tudo o que era necessário: observação, medida, inferência lógica, causas e efeitos demonstráveis. Dois contemporâneos, um judeu e outro muçulmano, se dispuseram a confrontar essas questões inquietantes. O rabino Moisés Maimônides (1138-1204), nativo da Espanha, mais tarde radicado no Egito, ofereceu uma resposta em seu *Guia dos perplexos*. Averróis (1126-1198) ofereceu a dele na forma de comentários sobre Aristóteles, assim como em um número de tratados de sua própria autoria, um dos quais trazia o significativo título de *On the harmony of* *religion and philosophy*.* Naturalmente, mais tarde veio uma resposta cristã, depois que Maimônides e Averróis haviam sido traduzidos para o latim e absorvidos. A mais aguda e autoritária abordagem do problema foi oferecida por (são) Tomás de Aquino (c. 1225-1274), cuja resolução do conflito entre as exigências da razão e da revelação veio a ser considerada como normativa na cristandade católica. Durante esse trabalho, Aquino citou Averróis mais vezes do que qualquer outro pensador não-cristão. Entre estudiosos do Ocidente, os comentários de Averróis sobre Aristóteles eram tidos em tão alta conta que ele se tornou conhecido apenas como "o comentador". Dante, por exemplo, pôde caracterizá-lo como *"Averrois che il gran commento feo"* ("Averróis que escreveu o celebrado comentário": Inferno iv. 144) e colocá-lo no seleto grupo de intelectuais entre os quais também seria encontrada, como vimos no capítulo 3, a improvável figura de Saladino.

Em segundo lugar, a medicina, cujo conhecimento ocidental havia sido severamente criticado por Usāmah ibn Munqidh no século XII. Se ele tivesse escrito dois séculos mais tarde, poderia ter mudado seu tom. A história começa no mosteiro beneditino de Montecassino, no sul da Itália, onde na metade do século XI um recluso chamado Constantino, "o Africano" (porque ele era um imigrante da Tunísia) começou a traduzir obras sobre medicina do árabe para o latim, porque, em suas próprias palavras, "entre livros latinos não pude encontrar um autor que fornecesse informação certa ou confiável".[6] Essa atividade continuou no século XII tanto na Itália quanto na Espanha, onde o infatigável Girolamo de Cremona traduziu o *Cânon da medicina* (ver capítulo 2) e mais umas duas dúzias de outros trabalhos médicos. O *Livro para todos*, de Averróis, foi acrescentado ao *corpus* latino no século XIII, ao lado de vários outros trabalhos. Por volta de 1300, uma quantidade considerável de escritos gregos e árabes sobre medicina encontrava-se disponível em latim. Eles lidavam com ciências médicas em

---

* "Sobre a harmonia entre religião e filosofia." (N.T.)

geral, de catálogos de drogas medicinais a tratados práticos sobre cirurgia ou uroscopia. Existiam escolas de medicina, a mais famosa delas em Montpellier, onde médicos aspirantes podiam estudar esses textos e adquirir habilidades práticas. Os frutos dessa atividade podem ser observados na carreira e no ambiente de Arnaldo (ou Arnau, em seu catalão nativo) de Vilanova. Arnaldo estudava em Montpellier nos anos 1260, e permaneceu ligado à sua escola de medicina durante toda a vida profissional. Em 1309, era o principal conselheiro na elaboração dos estatutos papais que regulavam as ementas de estudos da escola. Montpellier era nessa época politicamente submetida à coroa aragonesa, e isso proporcionou a Arnaldo oportunidades de crescimento. Por volta de 1281, ele foi indicado médico pessoal de Pedro III de Aragão (1276-1285), posição que manteve de maneira intermitente (até sua morte, num naufrágio em 1311) sob o reinado dos filhos de Pedro, Afonso III (1285-1291) e Jaime II (1291-1327). O rei Jaime II oferece, para o historiador, o presente de combinar um hipocondríaco real com uma abundante documentação preservada sobre sua vida pessoal. Arnaldo passou a maior parte da vida viajando entre a corte real e suas aulas e pesquisas em Montpellier. Em 1297, por exemplo, a pedido do rei, morou em Barcelona, para assistir a rainha Blanche durante toda a segunda gravidez.

Arnaldo foi um autor prolífico: traduziu do árabe para o latim obras médicas escritas por Galeno e Avicena; escreveu um manual médico para o queixoso Jaime II, o *Regimen sanitatis ad inclitum regem Aragonum* [Regime de saúde para o ilustre rei de Aragão] e um tratado sobre higiene militar por ocasião da campanha do rei contra Almeria, em 1309; produziu ainda um elaborado tratado sobre teoria médica, o *Speculum Medicine* [O espelho da medicina], além de textos sobre assuntos não-médicos. Seus trabalhos de escatologia, como *De Adventu Antichristi* [O advento do anticristo], atraíram acusações de heresia, enquanto seus panfletos que conclamavam por reformas na Igreja enfureceram os conservadores do clero. Mas ele tinha amigos nas altas esferas para defendê-lo, entre eles ninguém menos do que o papa BonifácioVIII (a quem curou de uma dolorosa crise de pedra nos rins em 1301), embora ele próprio tenha se lamentado a respeito do que encarava como teimosia de Arnaldo: "Se pelo menos você se ocupasse da medicina e deixasse a teologia em paz, poderíamos honrá-lo!"[7] Arnaldo reuniu uma biblioteca considerável. Mais de cem livros foram inventariados logo após a sua morte — um número muito alto para um colecionador particular naquela época. Desses livros, aproximadamente um terço podia ser classificado como médicos ou científicos. Entre originais e traduções, eles se constituíam numa lista oficial da literatura médica disponível em latim naquele tempo.

Arnaldo de Vilanova era um estudioso e médico excepcional. Pesquisas recentes mostraram que ele precisa ser considerado contra um pano de fundo de florescente atividade médica nos vários territórios mediterrâneos do Ocidente que formavam a federação aragonesa, e especialmente em suas grandes cidades, como Barcelona eValência. Profissionais da medicina em vários níveis, do farmacêutico ao cirurgião, eram numerosos. Seu treinamento estava em constante melhora. Eles tinham um forte senso de identidade coletiva e orgulho profissional, um papel social reconhecido e valorizado. Nada disso poderia ter acontecido sem as atividades tradutórias dos dois séculos anteriores.

Meu último exemplo quase nem merece o nome de disciplina. Em vez disso, devemos pensar nele como um programa de investigação, frouxamente ligado aos estudos médicos, hesitante no começo, mas ganhando confiança e força no início do século XIV. Apenas recentemente foi delineado e investigado pela primeira vez, num estudo inovador de Peter Biller intitulado *The measure of multitude: population in medieval thought* *. Esse programa ou zona de investigação incorpora o

---

* "A medida da multidão: população no pensamento medieval." (N.T.)

desenvolvimento do pensamento disciplinado sobre população: tamanho, distribuição, proporção entre sexos, casamento e procriação, controle da natalidade, doença, mortalidade e assim por diante. O autor demonstra de maneira convincente como o pensamento medieval sobre população foi encorajado e moldado em primeiro lugar por traduções científicas do grego (especialmente Aristóteles) e do árabe (especialmente Avicena e Averróis), e em segundo lugar pela análise da justaposição da cristandade com o que se acreditava a respeito do mundo islâmico ou dos mundos além dele, revelados pelos enviados aos mongóis no século XIII. As implicações de um pensamento demográfico incipiente eram consideráveis. Da mesma forma que os avanços no conhecimento e na prática da medicina encorajaram uma visão da enfermidade física como algo que poderia ser observado e até certo ponto corrigido, o pensamento sobre população viria com o tempo a abrir perspectivas sobre a sociedade humana não como parte da ordem divina, mas como manipulável.

O intercâmbio intelectual relacionado à cultura *religiosa* — em oposição à filosófica ou científica — tem uma história bem diferente. Há ainda, incrivelmente, pouca evidência de que os homens instruídos do islã exibissem qualquer interesse na cristandade como tal. Talvez isso não seja surpreendente. A revelação concedida ao Profeta tomou o lugar das revelações parciais oferecidas aos profetas anteriores, como Moisés ou Jesus. Não poderia haver incentivo para estudar os princípios de crenças que haviam sido ultrapassadas e tornadas redundantes pela completude da revelação de Deus. A única razão para fazê-lo, por isso, era com o propósito de se envolver em polêmica. Dessa forma, por exemplo, al-Tabarī usou seu conhecimento da cristandade ao escrever sua obra apologética em defesa do islã na Bagdá do século IX (ver capítulo 2).

Ibn Hazm de Córdoba (994-1064) tem sido considerado uma exceção a esse padrão. Notável jurista, filósofo e poeta, no presente contexto o trabalho mais impressionante de Ibn Hazm foi *Kitāb al-*

Fasl, cujo título completo seria literalmente traduzido como "O livro da distinção nas heresias e seitas religiosas", mais conhecido por conveniência como "O livro das seitas". Nele, Ibn Hazm dedica-se a proclamar e defender a perfeição do islã contra todas as outras fés e desvios do islã: um ato devotado de *jihad*. Isso exigiu que refutasse as afirmações do cristianismo. Fazendo isso, Ibn Hazm demonstrou um conhecimento extraordinariamente detalhado dos textos sagrados cristãos, supõe-se que adquiridos por meio da leitura das traduções árabes da Bíblia usada pelos cristãos moçárabes de al-Andalus, que ele poderia ter conseguido sem dificuldade em Córdoba. Alguns estudiosos modernos viram na obra de Ibn Hazm um ensaio precursor sobre "religião comparada" ou "diálogo entre fés". Mas isso é completamente enganoso. Ibn Hazm precisava saber a respeito do cristianismo com o único objetivo de refutá-lo, o que ele julgou consumado expondo de forma pedante inconsistências textuais. Por exemplo, atacando as passagens bíblicas que afirmam que João Batista jejuou e não bebeu (Mateus 11:18) e que ele comia gafanhotos e mel silvestre (Marcos 1:6), Ibn Hazm triunfante proclamou:

> Nessa passagem há mentira e contradição (...) um dos dois relatos é sem dúvida uma mentira (...) Tudo isso mostra que a comunidade cristã é toda vil.[8]

Essa não é a linguagem do que chamaríamos diálogo. A inclinação de Ibn Hazm era hostil ao cristianismo desde o começo. *O livro das seitas* podia ter erudição, mas não era de forma alguma tolerante.

Essas atitudes do lado islâmico da divisão religioso-cultural eram precisamente equiparadas no lado cristão. Os escritos de João Damasceno nos quais demos uma rápida olhada no capítulo 1, *Diálogo* e *Sobre heresias*, especialmente o último, oferecem paralelos com o trabalho de Ibn Hazm. João ridicularizou a heresia dos ismaelitas no século VIII de forma bastante semelhante a Ibn Hazm, ao zombar da seita dos cristãos no século XI. Encontramos as mesmas posturas quando nos deslocamos para o século XII. Aqui, o mais celebrado episódio é a primeira tradução do Corão para o latim. Essa ambiciosa operação intelectual foi encomendada por Pedro, o Venerável, abade do famoso mosteiro beneditino de Cluny, na Borgonha, durante uma visita a bases missionárias espanholas do mosteiro de Cluny, no ano de 1142. Para essa tarefa, o abade Pedro envolveu dois estudiosos que ele havia encontrado na Espanha, o inglês Robert de Ketton e o alemão Hermann de Caríntia, que haviam ido para lá a fim de traduzir trabalhos científicos do árabe para o latim. Membros secundários da equipe eram Mestre Pedro de Toledo, provavelmente saído da comunidade moçárabe de Toledo; Pierre de Poitiers, o secretário do abade; e um muçulmano chamado Muhammad, o Sarraceno, do qual não temos qualquer outra identificação. Robert foi responsável pela tradução do Corão, a qual ele completou em muito pouco tempo, considerando-se a extensão e a complexidade lingüística do texto, no verão de 1143. Esse projeto, como o de Ibn Hazm, foi saudado por alguns historiadores modernos como um momento de iluminação e tolerância. Na realidade não era nada disso. A tradução de Robert para o Corão foi acompanhada por notas concebidas com um espírito hostil e criticando detalhes insignificantes. Considere-se, por exemplo, o seguinte: "E concedemos nossa graça a Davi... E para ele amolecemos o ferro: 'fabrica cotas de malha completas e ajusta-as às malhas'" (Corão 34:10). O glosador comenta a respeito dessa forma:

> O homem louco alega que Davi foi o primeiro a descobrir a técnica de fabricar cota de malha; mas está registrado em escritura sagrada que Golias, a quem esse mesmo Davi matou, quando ainda era um menino, estava vestido de malha![9]

É provável que o espírito negativo dessas notas reflita as orientações especificadas pelo próprio abade Pedro. Isso é sugerido pelo uso que Pedro fez do recém-traduzido Corão para escrever um trabalho de polêmica cujo tom é indicado pelo título: *Um livro contra a heresia abominável ou seita dos sarracenos*. Como Ibn Hazm um século antes, o abade Pedro de Cluny precisava de seus textos não com o objetivo de travar um diálogo, mas de humilhar e refutar o inimigo. Ele também já tinha claras suas convicções.

A tradução de Robert de Ketton para o Corão foi logo esquecida. O manuscrito juntou poeira na biblioteca de Cluny até ser redescoberto e publicado no século XVI. A prova de que o resultado da empreitada do abade Pedro havia perecido foi que no início do século XIII um cônego de Toledo chamado Marcos encarregou-se da tradução do Corão, e pensou estar fazendo algo que ninguém havia feito antes. A tradução de Marcos era mais literal e precisa do que a de Robert de Ketton; uma melhor ajuda para a compreensão do texto sagrado do islã. Ela fora encomendada pelo arcebispo de Toledo, Rodrigo Ximénez de Rada (a quem nós já encontramos como patrocinador de Michael Scot). Essa encomenda deve ser vista num contexto mais amplo da obra literária do arcebispo Rodrigo, que incluía, entre muitas outras coisas, a *Historia Arabum* [História dos árabes], uma breve pesquisa da história islâmica de sua origem até meados do século XII.

A obra do arcebispo Rodrigo era apenas uma entre várias do século XIII que demonstraram um conhecimento da história e da doutrina islâmica. Alguns desses trabalhos exibem também uma nova característica brevemente mencionada no final do capítulo 3: as primeiras indicações da noção de pluralismo religioso. Considere-se o contemporâneo de Rodrigo, Guilherme de Auvergne — acadêmico, pregador, moralista pastoral e, de 1228 até sua morte, em 1249, bispo de Paris. Quando Guilherme escreveu sobre o islã ou sobre o judaísmo, ele escolheu palavras — na verdade, por vezes criou palavras como *saracenismus*, "sarracenismo" — que indicavam precisamente o sentido de um povo e de uma cultura religiosa diferentes da cristandade. Se o islã estava se tornando aos olhos da cristandade uma cultura que convidava ao estudo e à compreensão, em vez de ser tomada como algo para ser varrido para baixo do tapete como uma forma aberrante de cristianismo, ou ridicularizado como uma miscelânea de contradições, isso demonstrava um considerável avanço intelectual. Os primeiros passos nessa direção foram dados no século XIII.

5
Peneirando o Corão

A PERDA DE ACRE, O ÚLTIMO posto avançado dos Estados cristãos do além-mar, em 1291, não marcou o fim das Cruzadas. Longe disso: a ânsia de retomar os lugares sagrados da cristandade permaneceu, mais forte do que nunca. Em *A Divina Comédia*, Dante expressou o espírito do início do século XIV. Os santos guerreiros a quem ele encontrou no Paraíso incluíam aqueles que haviam adquirido renome em batalha contra os sarracenos, como Rolando, que caiu em Roncesvalles, ou Godofredo IV de Bouillon, conquistador de Jerusalém em 1099. Por aproximadamente meio século após a perda de Acre, foi notável o número de projetos de Cruzadas apregoados nas cortes papais e reais na tentativa de fazer os líderes da cristandade patrocinarem outras Cruzadas. O mais ambicioso de todos foi fruto da imaginação de um veneziano, Marino Sanudo — parente dos duques Sanudo do arquipélago mencionado no capítulo anterior —, que apresentou seus planos ao papa João XXII em 1321 na forma de um alentado trabalho intitulado *Liber Secretorum Fidelium Crucis* [O livro dos segredos dos fiéis da cruz]. Os planos haviam sido cuidadosamente elaborados. Um bloqueio econômico do delta do Nilo seria seguido do envio de uma força-tarefa internacional para dominar o Egito, depois do que o exército cruzado principal avançaria por terra até Jerusalém. Sanudo não deixou escapar nenhum detalhe. Recrutamento, treinamento, armas, embarcações, provisões, custeio — tudo estava lá. Ele passou os vinte anos seguintes buscando patrocinadores, incansável, tentando influenciar autoridades, viajando, organizando conferências, escrevendo cartas — e durante o processo, desconfia-se, tornando-se um tanto enfadonho —, mas tudo em vão. Quando morreu, em 1343, havia deixado estipulado que seus escritos deveriam sempre estar disponíveis para consulta. Era o apelo sincero de um homem desiludido.

Por volta de 1330, um outro dossiê de planos para Cruzadas foi apresentado a Eduardo III da Inglaterra por um senhor de Yorkshire chamado Roger de Stonegrave. Roger havia tido uma carreira memorável. Quando jovem, juntara-se à ordem militar dos Hospitalários e fora enviado para auxiliar na defesa do que restara dos Estados cristãos do além-mar. Capturado em Acre, em 1291, ele parece ter passado os 18 anos que se seguiram, não menos do que isso, como prisioneiro de guerra no Egito. Usou esse longo período de aprisionamento com sabedoria, observando bastante e lembrando-se de tudo. Libertado depois que os Hospitalários tomaram a ilha de Rodes em 1309, Roger finalmente voltou para Yorkshire em 1318, onde se dedicou a escrever. Os planos que submeteu ao rei eram muito similares aos de Sanudo; o que diferenciou sua contribuição foi um conhecimento excepcionalmente detalhado e preciso do Egito sob o domínio dos sultões mamelucos.

Alguns desses esquemas eram de uma excentricidade interessante. Um advogado francês, Pierre Dubois, escreveu em 1306 um trabalho intitulado *De recuperatione Terrae Sanctae* [Sobre a retomada da Terra Santa], que apresentou para o rei Felipe IV. Na maior parte tão sério e sóbrio quanto os de Sanudo ou Roger de Stonegrave, a uma certa altura o trabalho revela elementos de pura fantasia. Dubois propôs educar moças de boa aparência na Europa Ocidental para serem então encaminhadas ao Levante, a fim de atraírem cristãos gregos, casarem-se com eles e convertê-los à doutrina latina ou romana, para assim facilitar a formação de uma frente unida em face do islã. A reação do rei da França não está registrada.

Os papas e monarcas que foram alvo de toda essa propaganda das Cruzadas no início do século XIV, na verdade nunca reuniram uma expedição para a retomada da Terra Santa. Não é que não houvesse vontade. Uma das muitas revelações de estudos recentes sobre o assunto é que o ideal das Cruzadas não estava "em declínio", como os historiadores costumavam afirmar, depois de ter experimentado o seu apogeu na época de Ricardo Coração de Leão e são Luís. O desejo de empreender Cruzadas permaneceu tão forte e inquestionável no final da Idade Média na Europa quanto sempre fora. O que repetidas vezes frustrou a realização dos planos de Cruzadas foi o quadro das relações internacionais dentro da cristandade ocidental. A monarquia mais poderosa no Ocidente era a da França, e, por tradição, seus reis nutriam um sentimento de dever sincero e especial em relação às Cruzadas. Entretanto, do final do século XIII em diante, os reis da França estiveram envolvidos com aquelas longas, arrastadas, intermitentes e debilitantes hostilidades com a Inglaterra, às quais historiadores contemporâneos de forma pouco esclarecedora chamam de Guerra dos Cem Anos. Os soberanos franceses estavam de mãos atadas, não podiam imitar o venerado predecessor Luís IX e abandonar seus domínios para sair em Cruzadas pelo Egito e pela Síria por anos seguidos.

Isso não significa que não tenha havido nenhuma expedição, mas simplesmente que aquelas que aconteceram costumavam ser operações de pequena escala, com objetivos limitados. Em 1344, por exemplo, um esquadrão de umas três dúzias de navios apenas — fornecidos pelos venezianos, pelo papa Clemente VI e pelos Hospitalários de Rodes — conseguiu tomar o importante porto de Esmirna, na costa oeste da Ásia Menor. Os Hospitalários o mantiveram até 1402. Outro exemplo é fornecido pelo rei Pedro I de Chipre (1359-1369), um membro da dinastia francesa de Lusignan que desde os tempos da Terceira Cruzada havia dominado a ilha como uma espécie de Estado cristão do alémmar afastado da costa. Depois de viajar extensamente pela Europa ocidental para recrutar tropas e conquistar o apoio papal, em 1365, comandou uma expedição que saqueou e devastou Alexandria, mas não estabeleceu nenhuma base permanente por lá.

Um exemplo final e bem diferente de movimento cruzado no século XIV é a Cruzada de Nicópolis. Só que Nicópolis (agora Nikopol) fica no Danúbio, na fronteira norte da atual Bulgária. O que será que uma expedição cruzada estava fazendo por lá? Para responder a essa pergunta devemos voltar à Ásia Menor. A desintegração do que havia restado do sultanato dos turcos seljúcidas (ver capítulo 3) em face do avanço mongol havia deixado um vácuo de poder na Ásia Menor. Isso gerou inicialmente — como na Síria ou em al-Andalus no século XI — uma série de pequenos mas tumultuados principados. Um dos mais a oeste foi estabelecido no início do século XIV por um líder tribal turco migrante chamado Osman — de quem a palavra otomano é erroneamente derivada — na montanhosa área rural ao sul do mar de Mármara, em torno da atual Bursa. Osman morreu em 1326. Durante os setenta anos seguintes, a suserania otomana foi expandida sobre a maior parte do território continental da Ásia Menor. Esse domínio foi estendido também para o sudeste da Europa, também conhecido como Europa dos Bálcãs, uma área que um dia havia pertencido ao Império Bizantino. Esse Império, entretanto, foi fatalmente enfraquecido pelos desastrosos desdobramentos da Quarta Cruzada (ver capítulo 3). O final do Império-no-exílio em Nicéia, em 1261, com a retomada de Constantinopla, instalou ali um sistema de governo que era uma sombra do que havia sido antes. Pelos últimos dois séculos de sua existência, a área de domínio imperial direto foi na verdade confinada à cidade de Constantinopla e à região interior próxima, em constante processo de encolhimento.

A auto-imagem dos otomanos era a de *ghāzīs*, homens da fronteira nos limites do *Dār al-Islām* cujo dever era estender o alcance da fé por meio do *jihad*. O avanço deles pela Europa, tanto à base da diplomacia quanto da guerra, parecia incontrolável. De uma cabeça-de-ponte inicial em Galípoli, em 1354, eles se abriram em leque primeiro para estabelecer controle, e, a seguir, para governar diretamente a Bulgária, a Sérvia, a Albânia e o norte da Grécia. Obtiveram uma série de vitórias sobre os principados locais; a de Kosovo, em 1389, foi a mais celebrada. Por volta de 1390, o domínio otomano na Europa se estendia do Danúbio e do mar Negro até a Tessália (hoje norte da Grécia).

Esse foi o pano de fundo para a Cruzada de Nicópolis, em 1396, uma expedição que foi diferente de outras de seu tempo porque não era limitada em seus propósitos, nem pequena em escala. Seu objetivo era nada menos que deter o avanço dos turcos otomanos. Uma força internacional foi recrutada na França, na Alemanha e na Inglaterra para formar o que foi muito possivelmente o maior exército cruzado jamais reunido, que então marchou ao longo do Danúbio sob a liderança do rei Sigismundo da Hungria. Enquanto isso, uma frota sob o comando do grão-mestre da ordem dos Hospitalários e composta por navios tanto de Gênova quanto de Veneza (em um de seus raros momentos de colaboração) penetrou no mar Negro e subiu o Danúbio para unir forças com o exército cruzado. As forças terrestres e marítimas se prepararam para sitiar a cidade de Nicópolis, de grande importância estratégica. Mas foram ali surpreendidas por um exército de socorro turco, e derrotadas de forma catastrófica. A mais ambiciosa Cruzada do final da Idade Média acabou numa humilhante derrota.

A derrota em Nicópolis deixou Constantinopla vulnerável. É provável que a cidade houvesse rapidamente sucumbido a um ataque turco se os otomanos não tivessem sido atacados em sua retaguarda por um novo agressor mongol. Esse era "Timur, o Coxo", mais conhecido no Ocidente como Tamelão ou Timūr Lang. A campanha ocidental de Tamelão, em 1402, não passou de um ornamento de suas conquistas na Ásia Central e suas ambições chinesas. Entretanto, ela tem importância para a nossa história, porque durante essa campanha ele impôs uma séria derrota aos otomanos — o sultão Bayezid I foi capturado e morreu no cativeiro —, devastou boa parte de seus principais territórios na Ásia Menor e, quase por acaso, pôs um fim ao domínio dos Hospitalários em Esmirna. A campanha de Tamelão contra os otomanos deu oportunidade para Constantinopla retomar o fôlego.

A pausa não durou muito. O sultão Muhamad II (1451-1481) havia, ele mesmo admitira, sido possuído desde a infância por um desejo de conquistar a cidade de Constantino. Muhamad era obcecado pela lembrança de Alexandre, o Grande, cujos feitos, registrados por Arriano, eram lidos para ele diariamente. O sultão tinha um sentimento de identificação tão forte com Alexandre que chegou a encomendar um relato de seus próprios feitos, em grego, para ser copiado no mesmo papel e no mesmo formato da cópia que possuía da biografia de Alexandre escrita por Arriano, e ser colocado ao lado dela na prateleira de sua biblioteca. Foi a esse soberano que coube a honra de conquistar a cidade, quando ele tinha apenas vinte anos de idade. O último imperador bizantino, apropriadamente chamado Constantino, sucumbiu bravamente em vã defesa junto às muralhas destruídas. Em 29 de maio de 1453, o sultão Muhamad fez sua entrada formal em Constantinopla.

O conquistador arrematou esse triunfo com a consolidação do poder otomano em toda a região do mar Negro, dos Bálcãs e da Grécia. A partir do posto avançado ocidental da Bósnia, ataques foram lançados a cada ano contra Croácia, Estíria, Caríntia e até mesmo o norte da Itália. Em 1477 houve um ataque tão próximo de Veneza que as chamas da devastação otomana puderam ser vistas da cidade. Depois da morte de Muhamad, a investida otomana cessou por uma geração ou mais. Tempos depois, foi reiniciada sob o domínio de Solimão I, "o Magnífico" (1520-1566). Belgrado foi conquistada em 1521. Os húngaros foram derrotados em Mohács, em 1526, e a parte oriental de seu reino passou para o controle turco. Viena propriamente dita foi sitiada em 1529. Valáquia, Transilvânia e Moldávia foram subjugadas. Enquanto isso, no sudeste, em 1517, os otomanos haviam acabado com o controle mameluco do Egito, da Arábia ocidental e da Síria, e colocado também essas províncias sob seu domínio. A cristandade ocidental, mais do que nunca dividida pelas pressões da Reforma, estava então confrontada por um assustador e hostil Império Otomano que se estendia da Hungria até a Líbia. Sob alguns aspectos, o avanço otomano do século XV se parece com a expansão inicial do islã, oito séculos antes. Os povos do Livro continuaram a ser tratados com tolerância. Meses depois da queda de Constantinopla, um acordo foi fechado entre o sultão e o patriarca Genádio. Os otomanos protegeriam o sistema eclesiástico dos gregos contra nada menos do que rivais cristãos como a Igreja ortodoxa sérvia. O patriarca, por sua vez, garantiria a lealdade civil dos gregos, e preveniria qualquer intriga grega com os inimigos católicos dos otomanos e dele. Em conversas privadas, o patriarca podia referir-se aos turcos como os "sanguinários cachorros de Agar".[1] Na prática, porém, o acordo se provou conveniente para ambas as partes, apesar dos tempos difíceis que estavam por vir. Na capital, a Igreja grega e o povo floresceram. Pela maior parte do período otomano, até o início do século XX, a população de Constantinopla (ou Istambul, como agora podemos passar a chamá-la) dividiu-se em proporções aproximadas de 60% de muçulmanos e 40% de cristãos e judeus. Nunca se tornou uma cidade demograficamente islâmica no sentido em que, digamos, Bagdá seria.

Nas províncias conquistadas nos Bálcãs não houve uma substituição total de uma classe de governo por outra. Os proprietários de terras cristãos podiam, e muitos o fizeram, manter suas propriedades em troca da prestação de serviço militar na cavalaria. O tributo mais opressivo imposto às províncias era a prática conhecida como *devshirme*, ou "recolhimento". Isso significava o recrutamento regular de um grande número de garotos cristãos da população rural e sua deportação para Istambul, onde recebiam uma nova identidade islâmica e se tornavam servos do Estado. O mais conhecido papel exercido por esses jovens era o de *yeni ceri*, que significava "novas tropas", conhecidos como "janízaros", a unidade militar de elite que fez os exércitos otomanos tão extraordinários. Mas esse não era o único papel para os "recolhidos". Alguns alcançavam posições elevadas na burocracia ou em outras áreas de atividade. O maior arquiteto otomano do século XVI, que embelezou Istambul com mesquitas para Solimão, o Magnífico, foi Sinan, o Velho — ele viveu até mais ou menos noventa anos —, um armênio da Anatólia que havia sido levado para a capital como um dos "recolhidos".

Sinan destacou-se entre aqueles que ajudaram a transformar Istambul numa cidade islâmica em termos arquitetônicos — exatamente como havia acontecido no passado com outras cidades cristãs, como Córdoba. Apesar de substancialmente habitada por não-muçulmanos, sua fachada pública era, sem nenhuma dúvida, islâmica. Logo após a conquista, a sepultura de um dos companheiros do Profeta foi descoberta, de forma conveniente (ainda que improvável), no alto do Corno de Ouro: essa sepultura passou a ser, e é até hoje, o lugar sagrado mais venerado da Turquia. Relíquias do próprio Profeta foram transferidas de Meca para Istambul após a derrota dos mamelucos, em 1517. Mesquitas e minaretes, escolas religiosas, hospitais e asilos eram manifestos arquitetônicos de piedade islâmica. Rituais como o *selamlik*, a procissão formal do sultão para as preces de sexta-feira, transmitiam a mesma mensagem.

A falta de evidências torna difícil mapear, com um mínimo de certeza, as alterações de filiação religiosa nas áreas rurais que estavam entre as conquistas iniciais do islã nos séculos VII e VIII. Com o auxílio de uma categoria de documentos conhecida como *mufassal defter* podemos alçar nossa visão um pouco mais no período otomano. O *defter* era uma pesquisa estatística de uma dada província para fins fiscais, que listava os lares passíveis de impostos, povoado por povoado, e também indicava a filiação religiosa em cada residência. Pesquisas desse tipo conduzidas nos anos 1520 revelam contrastes interessantes. Na região rural da Anatólia, o planalto central da Ásia Menor, as residências muçulmanas totalizavam 92% do total passível de cobrança; as cristãs, meros 8%. Nas províncias dos Bálcãs, na mesma época, as residências muçulmanas se constituíam em 19%, contra 81% das cristãs. Por que esse contraste? Na Anatólia, houve presença islâmica desde que os seljúcidas apareceram pela primeira vez, mais de quatro séculos antes. Durante a maior parte desse período aconteceram importantes deslocamentos econômicos e sociais na região, causados pelo vai-e-vem de exércitos, migrantes, refugiados e traficantes de escravos. Os cristãos tenderam a migrar para as faixas costeiras, como Trebizonda e seus arredores, onde uma contínua presença imperial bizantina oferecia alguma proteção. No planalto da Anatólia, o cristianismo feneceu e finalmente morreu, mais ou menos como aconteceu no norte da África. Nos Bálcãs, ao contrário, a presença otomana era relativamente recente, e a conquista fora rápida e direcionada para as áreas centrais. Assim, a ruptura decorrente foi menos desestabilizadora do que na Anatólia. Comunidades cristãs estavam evidentemente florescendo por lá no século XVI, e continuariam a fazê-lo. A situação delas não era diferente da que os moçárabes da Espanha enfrentavam.

Se nos voltarmos agora para a Espanha, podemos descobrir que um equilíbrio de forças totalmente diferente estava começando a se dar à medida que a Europa oriental era ocupada pelos otomanos. O único principado muçulmano independente que restava na península ibérica no final do século XIII era o emirado de Granada. Isso não significava que monarcas cristãos pudessem relaxar sua vigilância. O surgimento de um novo poder entre os turbulentos e fervorosos muçulmanos do Maghreb podia ameaçar os Estados cristãos com invasões apoiadas pelo emir de Granada. Isso aconteceu em 1340, quando os marínidas — sucessores dos almóadas no Marrocos — cruzaram o estreito e uniram forças a Granada para preparar uma invasão de Castela. Eles foram definitivamente derrotados na Batalha do Rio Salado. Depois disso, o perigo militar para os reis cristãos diminuiu, apesar de não ter desaparecido. A segurança deles aumentou quando Castela conquistou Algeciras em 1344 — o que proporcionou um certo controle do estreito —, e foi reforçada por conquistas posteriores, como a aquisição portuguesa de Ceuta, em 1415.

Depois da metade do século XIV, o emirado de Granada sobreviveu a duras penas, submetido ao reino de Castela. Seus emires só puderam preservar uma frágil independência por causa dos conflitos civis nos quais mergulhou a Espanha cristã por grande parte do século seguinte. (A esses conflitos, portanto, nós devemos, indiretamente, o Alhambra.) Em 1469, o casamento das dinastias de dois herdeiros naturais, Isabel de Castela e Fernando de Aragão, tornou viável a união das duas principais monarquias peninsulares, o que veio a se realizar em 1474. A partir de 1482, a guerra por Granada foi travada a sério. Como seu contemporâneo Muhamad II, Fernando considerava-se um homem predestinado — ou pelo menos encorajou seus propagandistas a apresentá-lo sob essa perspectiva. O que Constantinopla era para o sultão otomano, Granada era para Fernando e Isabel. Eles realizaram seu desejo. Em 2 de janeiro de 1492 receberam as chaves da cidade de seu último soberano muçulmano.

A guerra por Granada foi, no sentido técnico, legal, uma Cruzada. No século XV, o fervor das Cruzadas manteve-se ativo. Felipe, o Bom, duque de Borgonha (1419-1467) — cujo pai havia sido capturado em Nicópolis no ano do nascimento do filho —, proclamou até o final de sua vida um sério desejo de empreender uma Cruzada contra os turcos. O papa Pio II (1458-1464) morreu em Ancona, na costa oriental da Itália, enquanto liderava pessoalmente o que esperava, em vão, ser uma Cruzada para reaver Constantinopla. O príncipe Henrique, "o Navegador", da família real portuguesa, acreditava que seu horóscopo, feito para ele por um astrólogo da corte na época de seu nascimento, em 1394, mostrava que ele estava destinado a alcançar "grandes e nobres conquistas" como um cruzado.[2] Em seu testamento, deixou registrado que ao nascer havia sido consagrado por seus pais ao rei cruzado são Luís IX da França. A campanha de Ceuta em 1415, liderada por Henrique, foi vista por ele como uma Cruzada. E a exploração patrocinada por ele para descer a costa africana do Atlântico foi empreendida primeiramente não por curiosidade geográfica, mas com o espírito de afirmação cristã — e também para aprimoramento pessoal. (Acontece que o islã estava se difundindo e se fortificando na África ocidental, em reinos como Mali, no século XIV, e Songhai, no século XV, apesar de não se ter certeza do quanto Henrique e seus conselheiros estivessem cientes disso.)

O ideal das Cruzadas, então, permaneceu poderoso na cristandade do final da Idade Média, tenham seus frutos sido derrota em Nicópolis ou vitória em Granada. A derrota sempre podia ser explicada. Entre os angustiados exames de consciência dos anos pós-Nicópolis havia um poema de Honorat Bouvet, um monge provençal, diplomata e jurista. Bouvet apontou as deficiências morais da cristandade — seu caráter profano, de blasfêmia, sua falta de caridade, sua imoralidade sexual, sua satisfação excessiva dos desejos materiais — como conduta ofensiva a Deus. Como Ele poderia conceder vitória àqueles que eram culpados de pecados desse tipo? Nada de novo nisso: moralistas clericais explicavam o fracasso das Cruzadas nesses termos desde que são Bernardo de Claraval se dispôs a explicar o fracasso da Segunda Cruzada, ainda no século XII. O que *é* surpreendente, entretanto, é que no poema de Bouvet, o diagnosticador que identifica as deficiências da cristandade não é um cristão, mas um muçulmano. Mais adiante, alguns de seus diagnósticos tomam a forma de uma comparação entre as sociedades cristã e muçulmana, em favor da última. Bouvet deu como exemplo a condescendência com os próprios desejos de comida, bebida e roupas, que fez os cristãos amolecerem, enquanto os muçulmanos eram fortalecidos pela austeridade. Os cristãos são divididos, mas os muçulmanos — o olhar de Bouvet estava provavelmente voltado apenas para os turcos otomanos — têm a força que provém da unidade. E há mais nessa mesma linha. Agora, o recurso literário de usar aquele que não faz parte do grupo como crítico, como um bastão com o qual se bate em sua própria sociedade, implica pensar com neutralidade, até com benevolência, sobre esse que está de fora e seus pontos de vista. O *Sarrasin* de

Bouvet desperta tanta simpatia quanto seus pares ficcionais nas *Cartas persas*, de Montesquieu, três séculos mais tarde. A maquinaria do seu poema parece pressupor uma atitude mais favorável em direção ao "Outro" muçulmano do que se esperaria encontrar nos círculos cruzados.

A questão poderia ser colocada de uma forma ligeiramente diferente. Havia outros círculos que não o das Cruzadas; outras abordagens ao mundo islâmico que não o confronto militar. Uma abordagem desse tipo era missionária, e para entendê-la precisamos voltar no tempo por um momento. Uma das características-chave da Reforma da Igreja no século XII era uma ênfase na pregação, não apenas para a instrução do ignorante, mas especial e deliberadamente para a instrução do desviante. Aqueles que erraram e se desviaram para a heresia — e estava começando a haver um número alarmante deles por todos os lados — deveriam ser orientados de volta ao rebanho por meio de sermões. A mais conhecida iniciativa foi aquela de Domingos, prior do bispado castelhano de Osma: em 1220 ele fundou a ordem de pregadores que ainda leva o seu nome, a dos freis dominicanos. Então, aquele desejo de pregar para os dissidentes logo tomou como alvo os mais perigosos e teimosos de todos os hereges, os muçulmanos. O bispo de Domingos, Diego de Osma, havia desejado renunciar sua sé para sair e pregar o evangelho em al-Andalus, e Domingos planejava acompanhá-lo. Ele inicialmente imaginou sua ordem de pregadores como uma ordem dirigida contra o islã. Foi o papa Inocêncio III que o persuadiu de que a nova ordem deveria ser direcionada contra os hereges próximos de casa, os albigenses ou cátaros do sul da França.

O trabalho missionário estava em alta na agenda dos clérigos do século XIII. Essa era a fase das missões mongóis, como vimos no capítulo 3. Era também a fase em que o cristianismo estava sendo impingido aos pagãos remanescentes do norte da Europa: os prussianos, os estônios e os finlandeses. Não é surpreendente, portanto, encontrar um pensamento dedicado a planejar missões para o islã. Tome-se, por exemplo,

Raimundo de Peñafort, que renunciou à liderança da ordem dominicana em 1240, quando estava com mais de cinqüenta anos, para dedicar-se a missões junto aos muçulmanos. Ele fundou escolas para o estudo do árabe, onde missionários podiam ser treinados. Seu deslumbrado biógrafo afirmou que eles foram responsáveis por dez mil conversões. Talvez possamos até considerar esse número um tanto exagerado, mas não precisamos duvidar de que foi um número considerável. Essas conversões eram presumivelmente realizadas durante missões "internas", dirigidas a muçulmanos que haviam passado a viver sob o domínio cristão durante a expansão territorial das monarquias peninsulares no século XIII. (Existiam, é claro, outras forças provocando mudanças de filiação religiosa, forças que nada tinham a ver com o trabalho missionário desse tipo.) Um colega de Peñafort, o dominicano Raimundo Martí, que era fluente tanto em árabe quanto em hebraico, compilou um dicionário árabe-latim para uso dos alunos dessas academias. O mais jovem nesse trio de Raimundos catalães do século XIII era o polímata de Maiorca Raimundo Lúlio (1232-1315). Lúlio era uma figura verdadeiramente notável: cavaleiro, poeta, novelista, místico, viajante, editor de suas próprias obras, autor de mais de duzentos trabalhos e um lobista de suas causas tão incansável quanto Sanudo. Lúlio estabeleceu uma faculdade perto de sua casa, em Maiorca, para o treinamento de missionários para o islã. No Concílio Ecumênico de Vienne, em 1311, ele convenceu os religiosos reunidos a fundar escolas de estudos sobre o Oriente nas universidades de Paris, Oxford, Bolonha e Salamanca, nas quais a língua árabe poderia ser estudada, junto com a história, a teologia e a filosofia do islã. Ele já havia mostrado o que poderia ser feito em diversos de seus inúmeros trabalhos. Por exemplo, o seu *Liber del Gentil e dels Tres Savis* [Livro do gentio e dos seus três sábios], de 1227, era um relato dos encontros entre um pagão e um judeu, um cristão e um muçulmano, durante os quais os representantes dos três monoteísmos defendem suas respectivas crenças. Lúlio praticava o que pregava. Em três ocasiões ele foi para a Tunísia pregar o evangelho. Essas eram atitudes de um homem corajoso e destemido: a lei islâmica prevê a pena de morte por pregações desse tipo. Nas duas primeiras vezes, Lúlio teve a sorte de escapar, sob ameaça de prisão. Na terceira ocasião, foi apedrejado até a morte. Proselitismo escancarado como esse nunca resultaria em avanços. Uma abordagem mais discreta consistia no envio de capelães para comunidades cristãs sob o domínio islâmico, ou o estabelecimento de ordens religiosas dedicadas ao sacerdócio entre prisioneiros de guerra e outros cativos, bem como à tentativa de resgatá-los. Se sua incumbência não era a conversão, era uma missão no sentido mais limitado de amparar comunidades cristãs "expatriadas". Duas ordens dedicadas a cativos originaram-se logo no começo do século XIII: a dos trinitários e a dos mercedários, ambas abertas tanto a homens quanto a mulheres. Ao longo dos séculos eles fizeram um trabalho muito bom. O prisioneiro mais famoso a ser libertado graças aos seus esforços foi Miguel de Cervantes, preso em Argel nos anos 1570.

No início do século XV, a possibilidade de usar missões para tentar converter os otomanos ao cristianismo estava fora de cogitação, e engajar-se em Cruzadas contra eles havia se provado um fracasso humilhante. Além do mais, foi exatamente nessa época que a autoridade eclesiástica mais fortemente identificada tanto com Cruzadas quanto com trabalhos missionários experimentou uma humilhação sem precedentes. Teólogos dissidentes, como o rabugento dom John Wycliffe de Oxford (†1384), criticaram as bases teóricas para a autoridade do papa. O Grande Cisma, entre 1378 e 1417, ofereceu o espetáculo nada edificante de dois e, por um curto período, até três rivais reivindicando o papado. Os clérigos associados ao chamado Movimento Conciliar procuraram limitar a autoridade papal, submetendo-a à supremacia de um Concílio Geral da Igreja. Pronunciamentos do século XV a respeito da justiça ou não da guerra contra os não-cristãos exibem uma hesitação que teria surpreendido uma geração anterior. Esses escrúpulos podem ser percebidos, por exemplo, na demorada *consulta*, ou coleta de opiniões legais sobre esse assunto, preparada em 1436 por ordem do papa por dois eminentes advogados canônicos italianos. Antigas certezas absolutas pareciam estar se evaporando.

Nessas circunstâncias, com os turcos às portas da cristandade do Ocidente e Constantinopla em sua agonia de morte, alguma nova iniciativa se fazia necessária. Ela foi encontrada no arsenal intelectual preferido da era do humanismo renascentista: estudo de textos e retórica. Primeiro aprenda sobre o islã, depois discuta cortesmente com seus adeptos (em vez de pregar para eles). Duas figuras são representativas: o espanhol Juan de Segóvia (†1458) e o alemão Nicolau de Cusa (†1464). Juan era um professor de teologia em Salamanca, e fora mandado por sua universidade para representá-la no longo Concílio de Basiléia, entre 1433 e 1449. Lá ele encontrou muitos dos expoentes intelectuais daquele momento, inclusive Nicolau. Em sua terra de origem, as escolas de estudos árabes que Lúlio e outros haviam fundado tinham há muito se deteriorado. Juan quis retomar o estudo do islã na Espanha, e com essa finalidade preparou uma nova tradução do Corão, uma versão trilíngüe em árabe, latim e castelhano. (Nesse trabalho, foi auxiliado por Ysa Yabir de Segóvia, cujas opiniões sobre relações sexuais interculturais foram citadas no capítulo 4.) Juan esperava que, com base em estudos renovados, intelectuais cristãos fossem capazes de travar um diálogo pacífico com seus pares muçulmanos. O fórum que ele imaginou para esses encontros deveria ser uma prolongada conferência acadêmica (talvez não diferente do concílio da Igreja, no qual Juan passou uma parte tão grande de sua vida ativa). O clima de discussão que ele desejava promover buscava pontos de contato entre o cristianismo e o islã, em vez de enfatizar suas diferenças, como haviam feito polemistas anteriores como Ibn Hazm ou Pedro, o Venerável. Convergência, não divergência, deveria ser a palavra-chave, e Juan estava certo de que estudiosos bem-intencionados poderiam se convencer disso. Infelizmente, na prática, seu nobre idealismo não rendeu frutos. Sua proposta de entrar em conferência com os estudiosos islâmicos de Granada foi rejeitada por aqueles homens ameaçados, que na altura do século XV haviam recuado para um último bastião de intolerante intransigência confessional. Seu Corão trilíngüe, legado à universidade de Salamanca, foi perdido por seus descuidados colegas professores, e nunca mais encontrado. Seu discípulo Hernando de Talavera, primeiro arcebispo da reconquistada Granada, tentou colocar as idéias de Juan em prática na abordagem do seu rebanho muçulmano, após 1492. Mas suas políticas conciliatórias foram descartadas pelo arcebispo de Toledo e primaz da Espanha, cardeal Cisneros, que, em vez disso, insistiu numa política de batismo forçado (com conseqüências desastrosas, mas isso é uma outra história).

Assim como Juan de Segóvia, Nicolau de Cusa começou como acadêmico em Colônia, onde foi influenciado pela leitura dos trabalhos de Raimundo Lúlio. Entretanto, transferiu-se para uma carreira mais ampla como diplomata a serviço do papa e como estadista eclesiástico, o que lhe rendeu o bispado tirolês de Brixen e um chapéu cardinalício. Nicolau era um homem de dotes intelectuais impressionantes, igualmente notável como filósofo, teólogo, matemático e historiador. Seu amigo papa Pio II pediu que ele escrevesse algo em defesa de seus planos para Cruzadas: deve ter ficado desiludido com o resultado. O trabalho, intitulado *Cribratio Alcorani* [Peneiramento do Corão], dedica-se à proposição de que se o Corão for estudado intensamente no espírito adequado ("peneirado"), vai se revelar compatível com os ensinamentos do cristianismo encontrados no Novo Testamento. Por baixo de discrepâncias e diferenças existiria uma base compartilhada de crenças. A convergência que Juan de Segóvia buscava estava lá. Nicolau foi ainda mais adiante em seu mais ambicioso trabalho, *Docta Ignorantia* [Ignorância sábia]. Seu principal tema era a inacessibilidade ao intelecto humano da Verdade definitiva. O conhecimento humano nunca pode ser mais do que conjetural, aproximado ou provisório. A sabedoria se encontra no reconhecimento da ignorância. Se a verdade deve ser apreendida, só pode ser por intermédio da intuição mística. Apesar de Nicolau nunca ter afirmado com todas as palavras, pareceu ter se aproximado da visão de que existiriam caminhos para Deus que independiam de filiação religiosa. Se um místico cristão podia encontrar Deus, não o poderia também um muçulmano sufi? Nicolau de Cusa descortinou perspectivas distantes e perturbadoras que interessariam a algumas das mentes mais aventureiras da Europa Renascentista; elas também se revelariam interessantes para uma era muito posterior, preocupada com o "diálogo entre fés".

As esperanças irênicas de pensadores tais como Juan de Segóvia e Nicolau de Cusa, baseadas nos trabalhos pioneiros de Lúlio e seu círculo, coexistiram com os impulsos de empreender Cruzadas de personagens tais como Henrique, o Navegador e Fernando de Aragão. As posturas em relação ao islã no período final da Idade Média foram mais diversas do que haviam sido nos séculos XII e XIII. Alguns dos modos de contato mantiveram-se inalterados. A demanda do Ocidente por mercadorias luxuosas do Oriente não foi diminuída nem pelo avanço otomano, nem pela pirataria mediterrânea, que estava a caminho de atingir um crescendo no século XVI. Então mercadores continuaram a navegar para lá e para cá, encorajados pelos conquistadores a fazê-lo. Apenas dois dias após sua entrada formal em Constantinopla, Muhamad II concedeu um privilégio aos genoveses, ao confirmar sua condição de súditos protegidos do sultão; eles continuaram a ocupar o mesmo espaço, oposto ao Corno de Ouro em Gálata, como havia sido desde o século XII. As dinastias expatriadas de Gênova resistiram. A família Testamara, por exemplo, estabelecida em Constantinopla no século XIII, permaneceu ali até o século XX. Em comparação, as "dinastias inglesas do vinho do porto", no rio Douro, parecem novatas.

Outros meios de contato estavam em menor evidência no final da Idade Média do que haviam estado anteriormente. A desintegração do Império Mongol unificado tornou a viagem por terra para o Oriente muito mais difícil. Depois da época de Marco Polo, menos viajantes europeus passaram a ser encontrados nas rotas de caravanas da Ásia Central, ou além. Talvez seja simbólico que o aventureiro do século XIV que mais tenha viajado seja totalmente ficcional: Sir John Mandeville, cujo imaginário e muito divertido *As viagens* parece ter sido escrito por volta de 1360 (sua autoria ainda não foi identificada de maneira convincente). A exploração marítima, é claro, era uma questão diferente; mas seu intuito era pular por cima do *Dār al-Islām,* não atravessá-lo atentamente.

A pesquisa intelectual, fora dos círculos de pessoas como Juan de Segóvia ou Nicolau de Cusa, foi uma outra forma de contato que diminuiu. Os séculos que se passaram entre o tempo de Adelardo de Bath e o de Arnaldo de Vilanova correspondem à heróica fase da aquisição intelectual. Isso não significa que a tradução de trabalhos científicos árabes ou gregos tenha cessado repentinamente no começo do século XIV. É claro que não, mas diminuiu bastante depois disso. Entre as várias explicações plausíveis para esse fenômeno, a mais convincente é também a mais simples. A cristandade do Ocidente havia conseguido tudo o que precisava do mundo islâmico. Impulsionados pelos tradutores, os intelectuais do Ocidente agora podiam seguir por conta própria. As carreiras e os escritos, digamos, do próprio Arnaldo, ou de Roger Bacon, exemplificam esse ponto. Os avanços científicos do final do período medieval produziram-se espontaneamente. Em grande parte eles foram do tipo técnico — em cartografia, navegação, construção naval, relojoaria, armamentos e imprensa.

A Bíblia de Guttenberg foi impressa em 1455. Em 1500, menos de um século depois, havia mais de cem cidades na cristandade ocidental que dispunham de prensas tipográficas, e mais ou menos seis milhões de volumes haviam sido impressos. Em algumas cidades, um grande número de prensas estava em operação: em Veneza, por exemplo, mais ou menos 150. A situação era bem diferente em Constantinopla, sob o domínio dos otomanos. Embora a população de não-muçulmanos da cidade pudesse e gradualmente tivesse tirado proveito da nova tecnologia, ela era proibida aos muçulmanos. Em 1515, de fato, o sultão expediu um decreto que ameaçava com pena de morte todos os muçulmanos que tentassem aprender a ciência da impressão. Pode ser que existissem razões plausíveis, fortes mesmo, para essa proibição. Os *'ulamā*, ou estudiosos do islã, alegavam que imprimir o Corão seria um sacrilégio. A palavra de Deus deveria ser transmitida apenas pelas "mãos de escribas" (ver passagem do Corão citada no capítulo 1), que empregassem a melhor caligrafia possível. Entretanto, o contraste entre as culturas da cristandade e do islã nessa questão da impressão tem um peso simbólico. O *Dār al-Islām* não estava disposto a aprender com a cristandade; o desdém que sempre havia existido ali estava mais forte do que nunca. Mas ainda há mais do que isso. Considere-se o contraste com o período abácida inicial. Naquele momento, como vimos no capítulo 2, estudiosos muçulmanos se agarraram avidamente aos conhecimentos da Antiguidade grega e persa, que absorveram, ampliaram e desenvolveram. Nos séculos XV e XVI, por outro lado, houve uma relutância em acolher o novo, uma espécie de falta de coragem cultural. Essa retração de receptividade intelectual é ainda mais curiosa porque foi coincidente com a imensa explosão de confiança nascida do triunfo militar e da expansão política, não apenas no oeste otomano do *Dār al-Islām*, mas também (não nos esqueçamos, embora não faça parte deste livro) no leste, sob a forma do Império Mongol na Índia. Por que será que os estudiosos e cientistas do período otomano eram menos abertos, menos aventureiros do que seus pares do início da era abácida? É uma pergunta que nunca foi convincentemente respondida.

A permanência da indiferença pela cristandade européia durante o final da Idade Média pode ser ilustrada a partir da vida de dois quase-contemporâneos, nativos do norte da África. Ibn Bātūtāh (†1378) foi um dos viajantes mais incansáveis que já existiram. Desde os 22 anos, durante trinta e tantos anos, esteve quase que ininterruptamente em viagem: fez o *haji*, a peregrinação a Meca, quatro vezes; visitou as terras centrais islâmicas na Síria, na Mesopotâmia e na Pérsia; cruzou a Ásia Central para visitar Afeganistão, Índia, China, Java, Sumatra e Ceilão; mergulhou para o sul por Omã até a costa da África oriental; foi para o norte para experimentar o mar Negro, a Criméia e a bacia do Volga. Ibn Bātūtāh conhecia a Ásia Menor, o Egito, o próprio norte da África, de onde era originário, é claro, e al-Andalus, no extremo oeste. Ele também cruzou o Saara até Toumbuctou e o reino de Mali. Quase no fim da vida, ditou um relato de suas viagens baseado em extensas anotações que havia feito e em sua própria memória tenaz. A mais respeitada tradução para o inglês do relato das viagens de Ibn Bātūtāh divide-se em cinco volumes. Em resumo, sabemos muito sobre ele e suas andanças, e não há uma indicação sequer de que um dia tenha ocorrido a ele visitar a cristandade européia durante essas viagens. De fato, eventuais leitores das páginas de Ibn Bātūtāh mal saberiam da existência de qualquer coisa ao norte do Mediterrâneo.

Meu segundo exemplo é Ibn Khaldūn (1332-1406). Uma carreira movimentada como funcionário público e diplomata familiarizou-o com o mundo islâmico da Espanha até a Síria. Khaldūn encontrou soberanos tão diferentes quanto Pedro I, o Cruel de Castela e Tamerlão. Tornou-se impopular como *qādi*, ou juiz religioso, no Cairo, por suas tentativas de eliminar a corrupção nos trabalhos da lei, e passou por momentos difíceis quando perdeu sua família num naufrágio. Como historiador, Ibn Khaldūn exibia uma inteligência original e perspicaz. Sua grande contribuição para o estudo da história se encontra na ênfase que deu ao que hoje chamaríamos de causalidade "ambiental". Seu *insight* fundamental foi que o *habitat* — paisagem, clima, ecologia — tem efeito sobre a cultura, em sentido amplo, dos humanos que vivem nele. Os fenômenos sociais observáveis, ele mais adiante afirmaria, obedecem a tendências que são suficientemente constantes para render padrões e seqüências regulares. O pesquisador perseverante pode identificar leis que governam o desenvolvimento social, operantes em sociedades de tipo similar, por mais separadas umas das outras que essas sociedades possam estar no tempo e no espaço. O ponto de partida de Ibn Khaldūn como historiador foi o fascínio com a interação entre o acidentado interior e as férteis terras costeiras do norte da África, de onde ele era originário; entre o desértico e o semeado; o pastor e o agricultor; o nômade e o sedentário. Estudando essas interações, desenvolveu uma teoria que, tinha certeza, poderia ser empregada como uma chave para a compreensão das reciprocidades entre, digamos, os árabes pré-islâmicos e os impérios sedentários da Antiguidade, ou o beduíno do Maghreb e os espanhóis cujos domínios eles repetidamente invadiram, ou, ainda, os mongóis e as sociedades agrárias que eles encontraram.

Os *insights* históricos de Ibn Khaldūn permanecem na maior parte tão válidos e instigantes hoje quanto o eram quando foram registrados pela primeira vez, há seis séculos. Ele foi um dos raros pensadores históricos de porte. Mas o que é notável no presente contexto é que essas observações tenham ficado limitadas ao *Dār al-Islām*, a uma única civilização, por mais que ela tivesse diversas texturas. (É justo dizer que ele também considerou os predecessores territoriais do mundo islâmico, por exemplo, o Império Persa.) Num revelador aparte em seu grande trabalho, *Muqaddimah* [Prolegômenos], ele deixou escapar que teria "ouvido rumores" de que a filosofia e a ciência estavam florescendo na Europa cristã:"mas Deus sabe o que acontece nesses lugares."[3] Ibn Khaldūn não quis saber mais sobre o Ocidente cristão do que Ibn Bātūtāh.

Será que não existe nenhum exemplo de interesse islâmico sobre a cristandade dos séculos XIV e XV? Apenas um. Está contido na obra enciclopédica de Rashīd al-Dīn, dedicada à história dos mongóis, e escrita por volta do ano 1300. Como ele quis incluir breves relatos sobre os povos com os quais os mongóis tiveram contato, foi necessário dizer alguma coisa sobre os europeus ("os francos"). Ele fez isso anexando ao seu texto a tradução de uma crônica composta por um dominicano polonês chamado Martin de Troppau, que morreu em 1279. Acredita-se que esse texto tenha chegado até a Pérsia, onde

Rashīd estava escrevendo, na bagagem de um dos vários enviados do Ocidente. A crônica de Martin era um trabalho simples e resumido, mas era tudo o que Rashīd tinha e tudo de que precisava. Não fez nenhuma tentativa de integrá-la ao texto, e não deixou qualquer indicação de que tivesse o mais remoto interesse naquilo que Martin queria transmitir. Era uma questão de convenção literária: alguma coisa tinha de ser dita sobre essas pessoas bárbaras, então que se dissesse logo. A própria superficialidade da "investida ao ocidentalismo", como Bernard Lewis se referiu a isso,[4] simplesmente sublinha a falta de interesse que os estudiosos islâmicos tinham pelo Ocidente.

Na cristandade, ao contrário, havia um ávido interesse pelo *Dār al-Islām*, um interesse que circulava em vários canais diferentes, às vezes convergentes, às vezes não. Havia o horror provocado pela apostasia. Anselmo Turmeda, originário de Maiorca, que era frei franciscano e poeta bastante conhecido, desertou para o islã no início do século XV. Depois disso, satirizou a cristandade num trabalho que se baseou nos escritos de Ibn Hazm. Foi tudo extremamente desagradável e embaraçoso. Havia o fascínio, que resvalava para uma admiração cautelosa pelo poder e pela eficiência do Império Otomano. O celebrado quadro que Gentile Bellini pintou de Muhamad II é uma representação favorável: um típico déspota renascentista em trajes turcos. Maquiavel iria refletir admiravelmente sobre a origem do poder otomano em seu notável manual de conselhos para soberanos, *Il Principe* [*O príncipe*], escrito em 1513. O domínio otomano poderia inclusive ser representado como legítimo e glorioso, como em um panegírico latino a Muhamad II escrito pelo humanista Giovanni Filelfo nos anos 1470, em que ele afirmou serem os turcos descendentes dos troianos, herdeiros legais da Ásia Menor, roubada deles pelos gregos. O patrocinador de Filelfo era um mercador de Ancona que buscava favores comerciais, do sultão; então a bajulação estava na ordem do dia. Entretanto, é um testemunho notável do ponto a que alguém poderia chegar para acomodar os otomanos dentro de uma visão de mundo. O estudo acadêmico do *Dār al-Islām* ganhou força novamente. Durante o século XVI, colecionadores europeus de manuscritos árabes marcariam presença. Prensas para imprimir na escrita árabe seriam desenvolvidas. Cadeiras de árabe seriam fundadas nas universidades européias. Raimundo Lúlio ou Juan de Segóvia teriam ficado maravilhados! Essas preocupações permaneceriam e ficariam mais fortes no século XVII e depois. Um último canal de interesse era aquele do romance: o mundo islâmico como colorido, exótico, perigosamente atraente. Quando Fernando e Isabel formalmente tomaram posse de Granada, em 1492, um momento que definiu e completou a reconquista cristã da Espanha, escolheram vestir-se para a ocasião em trajes mouros. Adotar as próprias vestimentas do inimigo derrotado poderia ser interpretado simplesmente como um gesto de triunfalismo. Mas esse gosto pelo vestir era também a continuação de uma moda que foi dominante na corte do tão denegrido meio-irmão e predecessor de Isabel, Henrique IV de Castela. Roupas ao estilo mouro eram consideradas muito chiques pela nobreza espanhola na época da conquista de Granada, como também os cosméticos mouros, a equitação, a falcoaria, a arquitetura e a decoração de interiores — muitos dos adornos da vida aristocrática. Aqueles que visitavam a Istambul otomana logo estariam de volta com sussurros a respeito de liberdades sexuais proibidas no Ocidente, histórias de haréns e serralhos, de mercados de escravos e eunucos, de punições brutais impingidas em ambientes suntuosos, para alcovitar as lúbricas fantasias dos europeus. O orientalismo, como identificado e difamado no livro de Edward W. Said com esse título, publicado em 1978, não teve de esperar pela expedição de Napoleão ao Egito. Suas origens podem ser identificadas três séculos antes.

6
Epílogo

EM 1321, ANO EM QUE Sanudo apresentou seu *Liber Secretorum* ao papa, circularam amplamente rumores dando conta de que o emir de Granada e o sultão mameluco do Egito estavam tramando envenenar os poços da França e da Espanha, usando judeus e leprosos como sua rede de agentes. Uma geração mais tarde, em 1347-1351, a horrenda catástrofe da peste negra exterminou talvez um terço da população da Europa: houve quem responsabilizasse os muçulmanos. Suspeitas e acusações de guerra química e biológica não são invenções do nosso tempo.

Em 1484, exatamente quando a guerra por Granada tomava impulso, ferreiros cristãos e *muçulmanos* de Segóvia se reuniram para fundar uma confraria ou associação denominada Santo Elígio, em homenagem ao santo padroeiro dos que trabalham com metal, dedicada à Virgem Maria "e a todos os santos da corte do céu".

Esses exemplos nos alertam para certos tipos de percepção, certos tipos de realidade. De um lado temos os muçulmanos como inimigos, operando por meio de uma rede maléfica de bioterroristas, ou como bode expiatório do pior desastre demográfico da história da Europa. De outro, temos um desses vestígios esparsamente documentados do que parecem ser relações sociais harmoniosas, provavelmente forjadas por ofício, ou comércio ou ocupação, que foram capazes de atravessar fronteiras religiosas e culturais. Por uma feliz coincidência, o exemplo vem da cidade natal de Juan de Segóvia. Precisamos dizer "certos tipos de" porque nem todas as percepções foram como as de 1321 ou 1350, nem todas as realidades como a de 1484. Pelo que sabemos, 'Alī de Daroca pode ter tido um excelente relacionamento com seus colegas de trabalho, mas isso não o salvou de ser linchado quando suspeito de relações carnais com Prima Garsón. Para onde quer que voltemos nosso olhar, ou quando, encontraremos uma diversidade no tipo e na temperatura do contato. Talvez a única generalização segura seja também uma ofuscante revelação do óbvio: as relações entre cristãos e muçulmanos durante a Idade Média foram marcadas pela persistente incapacidade de compreensão mútua. É fácil simplesmente lamentar que tenha sido assim, sem fazer o esforço de investigar o porquê.

Relações cristão-muçulmanas tomaram a forma que tomaram porque as atitudes não podiam ser diferentes do que foram. Os cristãos encontraram os muçulmanos pela primeira vez como conquistadores: é bastante compreensível que tenham visto o islã como intrinsecamente belicista. Dada a atmosfera intelectual e religiosa da época, a única maneira pela qual conseguiram explicar o islã de forma convincente para eles mesmos foi como um tipo aberrante de cristianismo. Temos aí os dois ingredientes essenciais da imagem cristã do islã: Maomé como um pseudoprofeta, impostor, herege; seus seguidores como homens sanguinários e violentos. Outros elementos seriam acrescentados, como, por exemplo, acusações de satisfação excessiva dos próprios desejos e permissividade sexual, mas aqueles seriam sempre os principais. Eles já estavam presentes no que parece ser o primeiro registro de reação cristã ao islã, a *Doctrina Jacobi*, mencionada no capítulo 1, escrita talvez ainda por volta de 640. A imagem resultante revelou-se duradoura de uma forma impressionante.

Desde o começo os muçulmanos estiveram imbuídos da suprema autoconfiança nascida da convicção de que haviam sido escolhidos para receber a última e mais completa revelação de Deus. Portanto, como não poderia deixar de ser, eles olhavam para os cristãos com escárnio. Além disso, o *Dār al-Islām* ocupou, por obra e misericórdia de Deus, uma porção da superfície da Terra mais favorecida do que a cristandade.

Visto de Bagdá por volta do ano 900, o mundo cristão era uma miscelânea de seitas confusas e pequenas monarquias contorcendo-se num ambiente nada atraente. Ninguém rivalizava com a comunidade islâmica em termos de riqueza, tecnologia, conhecimento e cultura, assim como em termos de fé. Era compreensível que a única atitude que os muçulmanos pudessem adotar em relação aos cristãos fosse a de um desprezo arrogante.

Preceitos há tempos estabelecidos e fortemente enraizados continuam a dar forma ao ambiente moral deles, ainda muitos séculos depois. Há uma geologia das relações humanas que não é sábio negligenciar.

Muitos historiadores em atividade hoje em dia são céticos quanto à maneira de organizar o passado que pressupõe uma extensão de tempo chamada "Idade Média" como tendo se encaminhado para um desfecho em algum momento por volta do ano 1500. Entretanto, na história das relações entre cristãos e muçulmanos, essa data aproximada realmente tem um valor simbólico, pois marca o início daquela era de exploração durante a qual os europeus redescobriram a Ásia e a Índia e descobriram mundos novos para eles nas Américas e na África. Durante os séculos XVII e XVIII, uma hegemonia mundial européia seria construída com base no domínio econômico, nas instituições governamentais, no poderio militar e no conhecimento profundo de comunicações. Reversões dramáticas de poder aconteceriam. O Império Otomano era o mais poderoso Estado do mundo no século XVI; por volta de 1800, continuava a existir apenas porque os poderes europeus não conseguiam chegar a um acordo quanto ao que colocar em seu lugar. O *Dār al-Islām* foi intimidado, explorado e degradado pelos arrogantes ocidentais, e experimentou sua humilhação mais profunda nos séculos XIX e XX. Isso, em contrapartida, alimentou ressentimentos que ainda estão entre nós.

Essa hegemonia européia não surgiu do nada durante o início do período moderno. Seus tendões e nervos há muito estavam se desenvolvendo obscuramente nas reentrâncias da vida da cristandade ocidental, enquanto aquilo que chamamos de Idade Média transcorria.

Para demonstrar esse ponto ainda insuficientemente abordado seria necessário um outro livro. Por ora, basta observarmos que os impressionantes avanços econômicos, institucionais e científicos do período entre os séculos X e XIII formaram a base para desenvolvimentos posteriores. Durante esses séculos medievais formativos, a cristandade do Ocidente demonstrou uma capacidade para se desenvolver e se modificar que iria sustentar e facilitar todos os tipos de mudança posteriores. Uma faceta desse processo de autodesenvolvimento nós observamos brevemente no capítulo 4. Os avanços intelectuais dos séculos XII e XIII foram alcançados, em grande parte, pela aquisição do que o mundo islâmico tinha para oferecer. O caminho de Adelardo de Bath a Isaac Newton é longo, mas está claramente demarcado.

A indiferença muçulmana com relação à cristandade teve o efeito de esconder do olhar o que estava em marcha. Se viajantes como Ibn Bāṭūṭāh tivessem visitado a cristandade, poderiam ter observado o que estava para acontecer: mas não o fizeram. Se Ibn Khaldūn tivesse direcionado sua penetrante inteligência para as sociedades da Europa ocidental, teria encontrado muito sobre o que refletir: mas não o fez. A ascensão do Ocidente pegou o mundo do islã de surpresa. Considerando-se o desprezo islâmico pelo Ocidente, talvez esse desfecho fosse inevitável.

O islã também demonstrou, é claro, uma capacidade de se desenvolver e de se modificar. Os fanáticos pouco sofisticados que carregaram a mensagem de advertência do Profeta para dentro do mundo romano e persa transformaram-se nos mandarins de Bagdá, nos mercadores do Cairo ou de Alepo, nos estudiosos que impulsionaram a exploração intelectual para territórios desconhecidos. Tudo aconteceu também muito rápido, em uma questão de apenas poucas gerações. Uma identidade cultural foi trocada por outra. Tal feito de reescritura moral ou auto-invenção requeria uma complacência cultural, uma adaptabilidade que pareceu faltar em épocas posteriores. Por que isso aconteceu? Essa pergunta impele este escritor a retornar aos parágrafos iniciais do capítulo 1. Mas o leitor que chegou até esse ponto, em vez disso, vai provavelmente apenas querer fechar o livro.

Cronologia

c. 570	Nascimento do Profeta Maomé.
622	Hégira de Maomé de Meca para Medina; início da era cronológica islâmica.
632	Morte de Maomé.
634-643	Conquista muçulmana da Síria, do Iraque, do Egito e da Líbia (635, Damasco; 637, Ctesifonte; 638, Jerusalém; 642, Alexandria; 643, Trípoli).
661	Fundação do califado omíada em Damasco.
674-678	Primeiro bloqueio de Constantinopla.
698	Conquista muçulmana de Cartago.
c. 710	Construção da mesquita omíada em Damasco.
711-718	Conquista muçulmana da Espanha.
716-718	Segundo bloqueio de Constantinopla.
730	Iconoclastia passa a ser política oficial no Império Romano do Oriente.
c. 750	Morre João Damasceno.
750	O califado abácida suplanta o omíada.

756	Príncipe omíada torna-se soberano independente de Córdoba.
762	Fundação de Bagdá.
768-814	CARLOS MAGNO.
778	Batalha de Roncesvalles.
786-809	HARUN AR-RASHID.
827	Invasão muçulmana da Sicília.
846	Ataque muçulmano a Roma.
851-859	"Movimento dos Mártires" em Córdoba.
867	Morre Al-Kindī.
873	Morre Hunayn ibn Ishāq.
910	Estabelecimento do califado fatímida no norte da África.
922	Ibn Fadlān visita os Rus.
953-955	Missão de João de Gorze a Córdoba.
c. 965	Gerberto de Aurillac em estudos na Espanha.
969	Estabelecimento do Cairo como capital do califado fatímida. Conquista bizantina de Antioquia.
972	Piratas sarracenos desalojados de La Garde-Freinet.
c. 980	Turcos seljúcidas começam a se infiltrar nos territórios islâmicos do Oriente.
c. 990	Primeiro registro de mercadores italianos no Egito.
997	Saque muçulmano de Santiago de Compostela.
1031	Desintegração do califado de Córdoba em principados *taifa*.
1037	Morre Ibn Sīnā (= Avicena).
1048	Morre Al-Bīrūnī.
1055	Turcos seljúcidas tomam Bagdá.
1060	Invasão normanda da Sicília.
1064	Morre Ibn Hazm.
1071	Exército bizantino derrotado pelos turcos seljúcidas na Batalha de Manzikert.
1082	Venezianos adquirem privilégios comerciais em Constantinopla.
1087	Ataque pisano a al-Mahdīyya, Tunísia.
1088-1091	Tomada almorávida de al-Andalus.
1090	'Abd Allāh de Granada exilado no Marrocos.

1094	Rodrigo Díaz, El Cid, conquista Valência.
1095	Papa Urbano II proclama o que passaria a ser conhecido como a Primeira Cruzada.
1099	Cruzados conquistam Jerusalém.
c. 1100	*Digenes Akrites* e *Chanson de Roland* registrados por escrito.
1118	Reconquista aragonesa de Saragoça.
1142	Pedro, o Venerável, encomenda a tradução do Corão para o latim.
1144	Zangi reconquista o Estado cruzado de Edessa para os muçulmanos.
1147	Reconquista portuguesa de Lisboa.
1147-1149	Segunda Cruzada.
c. 1150	Morre Adelardo de Bath.
1174-1193	SALADINO.
1177	Papa Alexandre III envia uma missão até Preste João.
1187	Batalha de Hattin: Saladino reconquista Jerusalém. Morre Girolamo de Cremona.
1188	Morre Usāmah ibn Munqidh.
1190-1192	Terceira Cruzada.
1198	Morre Ibn Rushd (Averróis).
1202-1204	Quarta Cruzada.
1204	Morre o rabino Moisés Maimônides. Conquista e saque de Constantinopla por exércitos cruzados do Ocidente.
1204-1261	Império "Latino" de Constantinopla.
1212	Forças muçulmanas derrotadas por Afonso de Castela na Batalha de Navas de Tolosa.
1218-1221	Quinta Cruzada.
1227	Morre Gengis Khān.
1236	Reconquista castelhana de Córdoba.
1238	Reconquista aragonesa de Valência.
1248	Reconquista castelhana de Sevilha.
1248-1250	Cruzada de Luís IX da França.
1253-1255	Missão de Willem van Ruysbroek junto aos mongóis.
1258	Saque mongol a Bagdá.

1260	Mongóis derrotados por mamelucos na Batalha de 'Ayn Jālūt.
1271-1295	Viagens de Marco Polo.
1274	Morre Tomás de Aquino.
1291	Acre, o último remanescente dos Estados cristãos do além-mar, se rende aos mamelucos do Egito.
1292	Morre Roger Bacon.
1311	Morre Arnaldo de Vilanova.
1315	Morre Raimundo Lúlio.
1321	Morre Dante.
1326	Morre Osman, fundador do principado "otomano".
c. 1330	Pegolotti compila seu manual para mercadores.
1340	Invasão marínida da Espanha: derrotada na Batalha do Rio Salado.
1343	Morre Marino Sanudo.
1344	Cruzados conquistam Esmirna; castelhanos tomam Algeciras.
1347-1351	Peste negra.
1354	Otomanos conquistam Galípoli.
1365	Pedro I de Chipre ataca Alexandria.
1378	Morre Ibn Bātūtāh.
1389	Otomanos derrotam cristãos locais na Batalha de Kosovo.
1396	Cruzada de Nicópolis.
1402	Campanha de Tamelão na Ásia Menor.
1406	Morre Ibn Khaldūn.
1415	Conquista portuguesa de Ceuta.
1453	Otomanos conquistam Constantinopla.
1458	Morre Juan de Segóvia.
1464	Morre Nicolau de Cusa.
1492	Reconquista castelhana de Granada.
1517	Otomanos anexam o Egito.
1520-1566	SOLIMÃO, O MAGNÍFICO.
1521	Otomanos conquistam Belgrado.
1526	Húngaros derrotados pelos otomanos na Batalha de Mohács.
1529	Primeiro cerco a Viena.

Outras obras sobre o assunto

ISSO NÃO É DE FORMA ALGUMA uma bibliografia. Procurei apenas listar alguns dos livros que considerei úteis e estimulantes e os quais um leitor que não tenha muitos conhecimentos sobre este assunto possa apreciar. Intencionalmente, limitei-me a apenas alguns poucos livros por capítulo, convencido há muito de que o valor da lista de leitura se encontra na proporção inversa da sua extensão. Restringi-me aos trabalhos em inglês.

Introdutórias e gerais

Dos muitos excelentes relatos introdutórios sobre o islã, o melhor, na minha opinião, é *The Arabs in History*, de Bernard Lewis, publicado pela primeira vez em 1950, agora em sua sexta edição, totalmente revisada (Oxford, 1993). Entre os relatos mais elaborados, *A History of Islamic Societies* (Cambridge, 1988), de Ira M. Lapidus, é perspicaz e de leitura fácil. *The Cambridge Illustrated History of Islam*, editado por Francis Robinson (Cambridge, 1996), é um trabalho recente de diversos autores e vem acompanhado de ricas ilustrações. *The Legacy of Islam*, outro trabalho coletivo, editado por Joseph Schacht e J. Bosworth (Oxford, 1974), contém ensaios sobre diversas facetas da história e da cultura islâmica. O encontro cultural do qual trata o presente livro é o foco de um sucinto e brilhante trabalho de R.W. Southern, *Western Views of Islam in the Middle Ages* (Cambridge, Mass., 1962), e de um estudo maior e mais abrangente de Norman Daniel, *The Arabs and Medieval Europe* (Londres, 1975). Como o Mediterrâneo é o cenário de tantas interações consideradas aqui por mim, convém voltar a atenção para o livro de Peregrine Horden e Nicholas Purcell, *The Corrupting Sea: A Study of Mediterranean History* (Oxford, 2000), o primeiro volume de um elaborado e instigante estudo do mundo mediterrâneo na Antiguidade e na Idade Média.

Obras de referência

Três excepcionais trabalhos de referência são: (1) a *Encyclopedia of Islam*, e é essencial consultar a nova edição (Leiden, 1960 em diante), que alcançou agora (junho 2002) a letra U, e, portanto, está quase completa; (2) o *Dictionary of the Middle Ages*, em 13 volumes, sob a edição geral de Joseph R. Strayer (Nova York, 1982-1989); e (3) o *Oxford Dictionary of Byzantium*, editado por A. Kazhdan e outros (Oxford, 1991).

Para a geografia histórica do *Dār al-Islām* recomenda-se *An Historical Atlas of Islam* (Leiden, 1981), de William C. Brice.

1. Filhos de Ismael

Há inúmeros estudos introdutórios sobre o Profeta Maomé: eu destaco *Muhammad*, de Michael Cook, da série "Past Masters" (Oxford, 1983), por sua sucinta erudição, sua acessibilidade e sensibilidade para o tema. Todas as pesquisas sobre a história do início do islã tratam da expansão da fé. Um exemplo disso é *Muhammad and the Conquests of Islam*, de Francesco

Gabrieli (Londres, 1968). O livro de Norman Daniel, *Islam and the West: The making of an image* (Edimburgo, 1960), fornece uma investigação detalhada da evolução das atitudes cristãs para com o islã. A melhor introdução ao islã na Espanha é fornecida por Roger Collins em seu *Early Medieval Spain: Unity in diversity 400-1000* (2ª edição, Londres, 1995); aqueles que ficarem interessados nas questões podem passar para outro livro dele, *The Arab Conquest of Spain 710-797* (Oxford, 1989).

2. Um elefante para Carlos Magno

Para uma estrutura cronológica, dois livros de Hugh Kennedy podem ser recomendados: *The Prophet and the Age of the Caliphates: The Islamic Near East from the sixth to the eleventh century* (Londres, 1986) e *Muslim Spain and Portugal: a political history of al-Andalus* (Londres, 1996). A respeito do Império Romano do Oriente, veja o livro de Mark Whittow, *The Making of Orthodox Byzantium 600-1025* (Londres, 1996). O livro de Richard Hodges e David Whitehouse, *Mohammed, Charlemagne and the Origins of Europe: Archaeology and the Pirenne Thesis* (Londres, 1983), é um guia confiável (apesar de merececer atualizações) para o debate a respeito dos efeitos econômicos da expansão islâmica. *Moorish Spain* (Londres, 1992), de Richard Fletcher, e *Islamic and Christian Spain in the Early Middle Ages: Comparative perspectives on social and cultural formation* (Princeton, 1979), de Thomas F. Glick, estudam a interação entre duas culturas na península ibérica.

3. Cruzando fronteiras

The Byzantine Empire 1025-1204 (Londres, 1984), de Michael Angold, é a melhor introdução ao tema. São numerosos os livros que tratam das Cruzadas: um bom ponto de partida é o volume coletivo editado por Jonathan Riley-Smith, *The Oxford Illustrated History of the Crusades* (Oxford, 1995), com suas esplêndidas ilustrações. O livro de Carole

Hillenbrand, *The Crusades: Islamic Perspectives* (Edimburgo, 1999), é inovador. *The Quest for El Cid* (Londres, 1989), de Richard Fletcher, é uma tentativa de localizar nesse contexto o herói da Reconquista. *The Mongols*, de David Morgan (Oxford, 1986), é um relato de alto nível a respeito do complicado tema. E para o contexto mais amplo de viagens exóticas, ver *The Medieval Expansion of Europe* (2ª edição, Oxford, 1998), de J. R. S. Phillips.

4. Comércio, coexistência e saber

The making of Europe: Conquest, colonization and cultural change 950-1350 (Londres, 1993), de Robert Bartlett, é soberbo no contexto geral. O livro de David Nirenberg, *Communities of Violence: Persecution of Minorities in the Middle Ages* (Princeton, 1996), é sutilmente iluminador a respeito das relações intercomunitárias de judeus, cristãos e muçulmanos nos domínios aragoneses. *The Introduction of Arabic Learning into England* (Londres, 1997), de Charles Burnett, mapeia com elegância uma zona de transmissão intelectual. *Medicine Before the Plague: Practitioners and their patients in the Crown of Aragon 1285-1345* (Cambridge, 1993), de Michael R. McVaugh, é uma revelação, da mesma forma que, em outro assunto diferente, mas também relacionado, *The Measure of Multitude: Population in medieval thought* (Oxford, 2000), de Peter Biller.

5. Peneirando o Corão

O livro de James Muldoon, *Popes, Lawyers and Infidels: The Church and the non-Christian world 1250-1550* (Filadélfia, 1979), investiga as posturas da autoridade. *The Later Crusades 1274-1580* (Oxford, 1992), de Norman Housley, trata da Cruzada de Nicópolis em 1396 (entre outros assuntos). *Pre-Ottoman Turkey* (Londres, 1968), de Claude Cahen, e *The Ottoman Empire: The classical age 1300-1600* (Londres, 1973), de Halil Inalcik, são excelentes introduções aos otomanos e seus predecessores. O livro de Angus MacKay, *Spain in the Middle Ages: From frontier to empire* — *1000-1500* (Londres, 1977), é uma introdução breve e brilhante sobre o tema. Para mais detalhes, *The Spanish Kingdoms 1250-1516* (2 v., Oxford, 1976, 1978), de J.N. Hillgarth, é o trabalho de referência sobre Espanha e Portugal no final da Idade Média. O livro de Peter Russel, *Prince Henry "the Navigator": A life* (Londres, 2000), é iconoclasta de forma total e convincente. Para uma visão mais ampla, o livro de Felipe Fernández-Armesto, *Before Columbus: Exploration and colonization from the Mediterranean to the Atlantic 1229-1492* (Londres, 1987), é erudito, vigoroso e gostoso de ler.

Notas

SEMPRE QUE POSSÍVEL, DIRECIONEI os leitores para as traduções inglesas mais acessíveis; onde não foi encontrada tradução publicada em inglês, a tradução é de minha autoria.*

1. Filhos de Ismael

1. Ammianus Marcellinus, *Res Gestae*, xiv.4, trad. J.C. Rolfe (Loeb Classical Library: Cambridge, Mass., 1935).
2. Isidore of Seville, *Etymologiae*, IX.ii.57, ed. W.M. Lindsay (Oxford, 1911).
3. Corão 80:11-15, como traduzido em A.J. Arberry, *The Koran Interpreted* (Oxford, 1964).

---

* À exceção das citações do Corão, em que se seguiu a tradução de Mansour Challita, a tradução em português das citações foi feita diretamente a partir do texto de Fletcher. (N.T.)

4. Corão 34:3, *ibid.*
5. Citado em tradução por P. Crone e M. Cook em *Hagarism: The Making of the Islamic World* (Cambridge, 1977), p. 3-4
6. Todas as referências de Beda aos sarracenos foram retiradas das notas de *Venerabilis Bedae Opera Historica*, ed. C. Plummer (Oxford, 1896), v. II, p. 339.
7. *Ibid.*
8. *Ibid.*
9. Corão 29:45, traduzido em *The Koran Interpreted*, de A.J. Arberry.
10. Willibal, Hodoeporicon, traduzido por C.H. Talbot em *The Anglo-Saxon Missionaries in Germany* (Londres, 1954), p. 162-163.
11. João Damasceno, *Dialogus*, traduzido por M.S. Seale em *Qu'ran and Bible: Studies in interpretation and dialogue* (Londres, 1978), p. 70.
12. Seção sobre a heresia dos ismaelitas em *On Heresis*, trad. Frederic H. Chase Jr. em *John of Damascus: Writings* (Série "Fathers of the Church": Nova York, 1958), p. 153.
13. Citado em tradução *ibid.*, p. xiv.
14. *Chronicle of 754*, cap. 78, traduzido por Kenneth B. Wolf em *Conquerors and Chroniclers of Medieval Spain* (Liverpool, 1990), p. 141.
15. *Ibid.*, cap. 70, p. 138.
16. *Ystoria de Mahomet*, traduzido por Kenneth B. Wolf em "The Earliest Latin Lives of Muhammad", em *Conversion and Continuity: Indigenous Christian Communities in Islamic Lands, Eighth to Eighteenth Centuries*, ed. M. Gerves e R.J. Bikhazi (Toronto, 1990), p. 97-99.
17. *Ibid.*

2. Um elefante para Carlos Magno

1. Citado em tradução de W.Z. Haddad em "Continuity and Change in Religious Adherence: Ninth-century Baghdad", em *Conversion and Continuity: Indigenous Christian Communities in Islamic Lands, Eighth to Eighteenth Centuries*, ed. M. Gervers e R.J. Bikhazi (Toronto, 1990), p. 49.

2. Citado em tradução de Sidney H. Griffith em "The First *Summa Theologiae* in Arabic: Christian Kalam in ninth-century Palestine" em *Conversion and Continuity*, ed. Gerves and Bikhazi, p. 19.
3. *Vita Iohannis abbatis Gorziensis*, caps. 122-123, traduzido por Colin Smith em *Christians and Moors in Spain* (Warminster, 1988), v. 1, p. 65-67.
4. *Ibid.*
5. Citado em tradução de D.J. Sahas em "The Art and non-Art of Byzantine Polemics: Patterns of refutation in Byzantine anti-Islamic literature" em *Conversion and Continuity*, ed. Gervers and Bikhazi, p. 65.
6. Arculf, *De Locis Sanctis*, ii.28, trad. Denis Meehan (Dublin, 1958), p. 99.
7. Constantine Porphyrogenitus, *De Administrando Imperio*, cap. 13, ed. Gy. Moravcsik com tradução para o inglês por R. J. H. Jenkins (Budapeste, 1949), p. 69.
8. Mark Whittow, *The Making of Orthodox Byzantium 600-1025* (Londres, 1996), p. 124.
9. *The Letters of Gerbert*, n. 25, trad. Harriet P. Lattin (Nova York, 1961).
10. Thomas N. Bisson, *Fiscal Accounts of Catalonia under the Early Count-Kings (1151-1213)* (Berkeley, 1984), v. II, n. 162, linhas 11, 188, p. 290, 294.
11. Henri Pirenne, *Mohammed and Charlemagne* (Londres, 1939), p. 234.
12. Citado em tradução de Gwyn Jones em *A History of the Vikings* (Oxford, 1984), p. 165.
13. Asser, *De Rebus Gestis Ælfredi*, ed. W.H. Stevenson (Oxford, 1904), cap. 81, p. 68.
14. Citado em tradução de Robert S. Lopez e Irving W. Raymond em *Medieval Trade in the Mediterranean World* (Nova York, 1955), p. 54.
15. *Ibid.*, p. 58.
16. *Ibid.*

3. Cruzando fronteiras

1. Constantine Porphyrogenitus, *De Administrando Imperio*, cap. 21, ed. Gy. Moravcsik com tradução para o inglês por R.J.H. Jenkins (Budapeste, 1949), p. 92.
2. *Digenes Akrites*, trad. John Mavrogordato (Oxford, 1956), Livro V.

3. Ibid.
4. Ibid.
5. Ibid.
6. Ibid.
7. Ibid., linha 3.511, p. 215.
8. The Tibyan: Memoirs of 'Abd Allāh ibn Buluggin, last Zirid Amir of Granada, trad. Amin T. Tibi (Leiden, 1986), p. 130-131.
9. The Song of Roland, trad. D.D.R. Owen (Londres, 1972), linha 1.015.
10. Karen Armstrong, Islam: A Short History (Londres, 2000), p. 81.
11. The Crusade of Richard Lion-Heart, by Ambroise, trad. Merton J. Hubert e John L. La Monte (Nova York, 1941), linhas 10.267-10.279.
12. Jean de Joinville, Life of St Louis, trad. M.R.B. Shaw (Harmondsworth, 1963), p. 262.
13. Gesta Francorum et aliorum Hierosolimitanorum, trad. Rosalind Hill (Edimburgo, 1962), p. 21.
14. Joinville, Life of St Louis, p. 245.
15. Ibid., p. 305.
16. Citado em tradução de Francesco Gabrieli, Arab Historians of the Crusades (Londres, 1969), p. 73.
17. The Mission of Friar William of Rubruck, trad. Peter Jackson e David Morgan (Hakluyt Society: Londres, 1990), p. 72-73.
18. Ibid., p. 158.
19. Joinville, Life of St Louis, p. 315.

4. Comércio, coexistência e saber

1. Citado em tradução de Felipe Fernández-Armesto em Before Columbus: Exploration and Colonization from the Mediterranean to the Atlantic 1229-1492 (Londres, 1987), p. 152.
2. Citado em tradução de L.P. Harvey em Islamic Spain 1250-1500 (Chicago, 1990), p. 56.

3. Sancho IV, *Castigos e Documentos*, cap. 21, citado em tradução de J.N. Hillgarth em *The Spanish Kingdoms 1250-1516* (Oxford, 1976), v. 1, p. 213.
4. Ysa Yabir, *Breviario*, citado em tradução de David Nirenberg em *Communities of Violence: Persecution of minorities in the Middle Ages* (Princeton, 1996), p. 136.
5. Subtítulo do livro *Adelard of Bath* (Londres, 1994), de Louise Cochrane.
6. Citado em tradução de P. P. A. Biller em *The Measure of Multitude: Population in medieval thought* (Oxford, 2000), p. 255.
7. Citado em tradução de M. McVaugh em "Arnald of Villanova", *Dictionary of Scientific Biography* (Nova York, 1970), v. 1, p. 290.
8. Citado em tradução de Thomas E. Burman por Olivia R. Constable em *Medieval Iberia: Readings from Christian, Muslim and Jewish sources* (Filadélfia, 1997), p. 83.
9. Citado por M.Th. d'Alverny em "Deux traductions latines du Coran au Moyen Age", *Archives d'Histoire doctrinale et littéraire du moyen âge 16* (1948), p. 101, nota 4.

5. Peneirando o Corão

1. Citado em tradução por Philip Mansel em *Constantinople: City of the world's desire 1453-1924* (Londres, 1995), p. 25.
2. Citado em tradução por Peter Russel em *Prince Henry "the Navigator": A life* (Londres, 2000), p. 15.
3. Citado em tradução por Bernard Lewis em "The Muslim discovery of Europe" em seu volume de ensaios *Islam in History* (Londres, 1973), p. 99.
4. *Ibid.*

Índice

A

ábaco 66, 67, 125
'Abd Allāh, emir de Granada 82, 83, 99, 100
Abu-l-'Abbās, califa 43, 55
Abu-l-'Abbās, elefante 62
Acre 91, 113, 139, 140
açúcar 115
Adelardo de Bath 125, 126, 127, 128, 129, 156, 166
Adriano, monge 53
Afonso III, rei de Aragão 131
Afonso VI, rei de Leão e Castela 82, 83, 124
Afonso VIII, rei de Castela 97
Afonso IX, rei de Leão 96, 97
Afonso X, rei de Castela 128
África, noroeste da. *Ver* Mahgreb
África, norte da 29, 52, 53, 55, 65, 67, 83, 84, 91, 115, 147, 157, 158, 159
agarenos 25, 81

Agostinho, santo 52, 61
al-Andalus 55, 56, 59, 60, 63, 66, 67, 69, 81, 82, 84, 85, 97, 134, 142, 150, 158. *Ver também* Espanha
al-Bīrūnī 69
al-Idrīsī 128
al-Kindī 68
al-Mansūr, califa 43
al-Mutawakkil, califa 50
al-Tabarī 51, 75, 133
al-Walīd, califa 64
Albânia 113, 142
Alepo 89, 96, 166
Alexandre III, papa 102
Alexandria 22, 29, 52, 53, 64, 107, 109, 141
Alexius I, imperador 86
alfabetização 48, 61
Alfredo, o Grande, rei de Wessex 74
Algeciras 147

Alhambra 14, 148
'Alī de Daroca 122, 123, 124, 164
Almeria 83, 109, 131
almóadas 91, 97, 147
almorávidas 84, 91
Alodia, mártir 57
alume 115
Álvaro, Paulo 56, 58
Amalfi 74, 109, 112
Amiano Marcelino 24
Amório 54
Antioquia 22, 54, 85, 89, 91, 96, 112, 115
Aquino, são Tomás de 130
árabes gassânidas 25, 26, 30
Arábia 144
Aragão. *Ver* coroa de Aragão
Arculfo, bispo 63, 64
Argel 152
Aristóteles 50, 68, 98, 126, 127, 129, 130, 133
Armênia 23, 77
Arnaldo de Vilanova 132, 156
arqueologia 71
Asser, bispo 74
astrolábio 125
astrologia 68, 125, 128
astronomia 50, 51, 68, 69, 126, 128
Atlântico, oceano 29, 47, 48, 64, 148
Averróis 120, 129, 130, 133
Avicena 68, 126, 133
'Ayn Jālūt, batalha de 104

B

Bacon, Roger 129, 156
Bagdá 43, 46, 47, 54, 62, 63, 67, 68, 72, 75, 81, 84, 85, 103, 133, 145, 165, 166
Bahira, monge 35, 38
Bálcãs 142, 144, 145, 146, 147
banhos municipais 122
Barcelona 67, 82, 114, 115, 117, 131, 132
Bari 54

Barmakid, família 46, 50, 127
Basiléia, Concílio de 153
Basílio II, imperador 85
Bayezid I, sultão 143
Beda, são 33
Bellini, Gentile 160
berberes 29
Bíblia 17, 25, 31, 32, 33, 61, 129, 134, 156
Bolonha 129, 151
Bonifácio, são 33
Bonifácio VIII, papa 132
botânica 51, 69, 70
Bouvet, Honorat 15, 149, 150

C

Cabul 48
Cairo 42, 75, 84, 95, 158, 166
Calábria 54
Calcedônia, Concílio de 23, 32
caligrafia 48, 157
camelos 23, 48, 64, 65
Cantar de Mio Cid 95
Cantuária 53
Carlos Magno, imperador 55, 61, 62, 71, 88
Cartago 29, 53
Catalunha e os catalães 55, 66, 67, 115, 116, 120, 151
Cervantes, Miguel de 152
Cesaréia (Síria) 29
Ceuta 147, 148
Chanson de Roland 88, 98, 107
China 22, 47, 51, 66, 102, 104, 106, 115, 158
Chipre 36, 54, 62, 63, 141
Clemente VI, papa 141
Clermont, Concílio de 87
Cluny, mosteiro de 56, 135
coleta de informações 26, 95
comércio 48, 61, 70, 71, 73, 74, 109, 112, 113, 114, 116, 117, 163
Constantino, o Africano 130

Constantino Porfirogeneto, imperador
63, 64, 65, 77
Constantinopla, cidade de 22, 23, 26,
30, 37, 39, 52, 53, 62, 64, 69, 74,
75, 77, 80, 86, 90, 103, 106, 107,
112, 113, 142, 143, 144, 145,
148, 153, 155, 156
Constantinopla, Sínodo de 40
conversão 34, 47, 49, 58, 60, 118,
121, 152
convivencia 122, 124
Corão 17, 20, 21, 24, 26, 33, 34, 35,
38, 41, 48, 68, 77, 84, 135,
136, 139, 153, 154, 157
Córdoba 14, 42, 55, 56, 57, 58, 59,
63, 69, 81, 84, 91, 120, 121, 124,
133, 134, 146
coroa de Aragão 115, 117, 122, 123,
131
Creta 113
Criméia 106, 114, 158
crocodilos 64
Cruzadas 86, 87, 90, 91, 92, 93, 94,
100, 116, 118, 124, 139, 140,
141, 148, 149, 150, 152, 154,
155
Ctesifonte 29

D

Dalmácia 54
Damasco 28, 36, 37, 39, 42, 43,
54, 64
Daniel de Morley 127
Dante 98, 130, 139
Demetriano 62, 63
Díaz, Rodrigo. *Ver* El Cid
Digenes Akrites 77, 80, 81, 88, 100,
123
dinastia abácida 43, 46, 47, 61
Dioscórides 69, 70
diplomacia 62, 70, 95, 142
Doctrina Jacobi 31, 164
Dubois, Pierre 140

E

Edessa 53, 89
Eduardo III, rei de Inglaterra 140
Éfeso 22
Egeu, mar 112, 113, 114
Egito 23, 29, 30, 42, 50, 52, 53, 64,
67, 74, 75, 84, 85, 89, 90, 91, 92,
97, 98, 104, 105, 109, 114, 115,
129, 139, 140, 141, 144, 158,
161, 163
El Cid 82, 83, 95, 97
Escandinávia 86
escravidão e escravos 23, 48, 62, 72,
75, 116, 121, 123
Esmirna 115, 141, 144
Espanha 14, 29, 30, 36, 37, 40, 41,
50, 53, 55, 56, 58, 63, 65, 66,
67, 69, 70, 82, 84, 88, 91, 97,
109, 114, 116, 120, 121, 122,
124, 125, 126, 129, 135, 147,
148, 153, 154, 158, 161,
163. *Ver também* al-Andalus
especiarias 48, 74, 115, 116
espionagem. *Ver* coleta de
informação
Estados cristãos do além-mar 89, 90,
95, 113, 114, 126, 139, 140
Estados *taifa* 81, 82, 85
Etiópia 22, 52
Euclides 125
Eufrates, rio 26, 81
Eulógio 56, 58, 59, 60

F

falcoaria 99, 128, 161
fatímidas 84, 85, 89
Felipe, duque de Borgonha 148
Felipe IV, rei de França 140
Fernando, rei de Aragão 148, 155,
161
Fez 48, 69
Filelfo, Giovanni 160
filosofia 47, 51, 68, 128, 151, 159

"fogo grego" 64, 65
fóssil de um peixe 105
Frederico II, imperador 119, 128

G

Galeno 50, 68, 131
Galípoli 142
Garde-Freinet, La 55, 56, 59, 67
Garsón, Prima 122
Genádio, patriarca de Constantinopla 145
Gengis Khān 102
Gênova e os genoveses 112, 113, 114, 115, 116, 143, 155
geometria 125
Geórgia 22
Gerberto de Aurillac 66, 67, 124
Giacomo de Veneza 126
Gibraltar, estreito de 29, 114
Girolamo de Cremona 127, 128, 130
Granada 14, 63, 83, 92, 99, 147, 148, 149, 154, 161, 163
Grosseteste, Robert 129
Guilherme de Auvergne, bispo de Paris 136
Guilherme de Moerbeke 127

H

Hadith 21, 51
Hārūn ar-Rashīd, califa 46, 47, 61, 62
Hasday ibn Shaprut 70
Hattin, Batalha de 90, 96
Henrique II, rei de Inglaterra 125
Henrique, o Navegador, príncipe português 148, 155
Heráclio, imperador 37
heresia: islã interpretado como heresia cristã 32, 38, 39, 94, 131, 134, 135, 136, 150
Hermann de Caríntia 135
Hernando de Talavera 154
Hipócrates 50

Hospitalários (Ordem Militar dos Hospitalários) 140, 141, 143
Huesca 57
Hunayn ibn Ishāq 50, 53
Hungria 93, 102, 143, 145

I

iaque 105
Ibn Bātūtāh 157, 158, 159, 166
Ibn Fadlān 72, 73
Ibn Hawqal 62, 63, 74
Ibn Hazm 133, 134, 135, 136, 153, 160
Ibn Juljul 70
Ibn Khaldūn 158, 159, 166
Ibn Rushd. *Ver* Averróis
Ibn Sīnā. *Ver* Avicena
iconoclastia 39
Igreja copta. *Ver* monofisismo
Igrejas do Oriente 53, 100
Império Bizantino 53, 54, 65, 74, 85, 86, 89, 90, 91, 112, 113, 142
Império Persa 22, 29, 159
Império Romano 22, 23, 28, 35, 36, 39, 53, 66, 71, 120. *Ver também* Império Bizantino
imprensa 156
incenso 23, 48, 74
Índia 22, 47, 69, 74, 101, 106, 114, 157, 158, 165
Inocêncio III, papa 150
Inocêncio IV, papa 103
Iona 64
Iraque. *Ver* Mesopotâmia
irrigação 65
Isaac, mártir 57
Isabel, rainha de Castela 148, 161
Isidoro de Sevilha 25, 31, 32
Ismael 25, 31, 33
Istambul. *Ver* Constantinopla

J

Jaime I, rei de Aragão 91, 92, 97

Jaime II, rei de Aragão 131
janízaros 145
jardins 70
Játiva 67
Jean de Joinville 92, 97
Jerônimo, são 25, 33
Jerusalém 28, 30, 31, 37, 63, 64, 87, 88, 89, 90, 93, 99, 109, 112, 139
jihad 28, 134, 142
João, bispo de Córdoba 59
João Damasceno, são 37, 39, 41, 46, 53, 58, 118, 134
João de Gorze, monge 60, 63
João XXII, papa 139
João Zimiskes, imperador 54
Jorge de São Sabas 58
Jorge dos Árabes 50
José, o Espanhol 66
Juan de Segóvia 153, 154, 155, 156, 161, 163
judeus e judaísmo 15, 17, 24, 30, 32, 34, 35, 49, 109, 122, 129, 136, 145, 163

K

Kairuan 29, 42
Kiev 102
Kosovo, Batalha de 143
Kūbīlāy Khān 106

L

Leão IV, papa 55
língua árabe 48, 50, 63, 65, 66, 69, 96, 117, 121, 125, 126, 127, 128, 151, 153, 161
Lisboa 91, 92
lógica 68, 128
Luís IX, rei de França 91, 92, 100, 104, 141, 148
Lúlio, Raimundo 151, 152, 153, 154, 155, 161
Lyon, Concílio de 103

M

Maghreb 29, 53, 147, 159
Maimônides, Moisés 129, 130
Maiorca 97, 151, 160
Mali 149, 158
mamelucos 104, 140, 146
Mangu Khān 104
Mansourah, Batalha de 97
Manzikert, Batalha de 86, 112
Maomé, o Profeta 17, 20, 22, 24, 25, 26, 28, 30, 31, 32, 34, 38, 41, 51, 52, 71, 164
Maquiavel, Nicolau 160
Marcabru, trovador 94
Marco Polo 106, 155
Marcos de Toledo 136
marfim 74, 75, 116
marínidas 147
Marrocos 22, 29, 83, 84, 97, 114, 147
Marselha 71, 114
Martí, Raimundo 151
mástique 115
matemática 66, 68, 128
Mayeul, abade 55, 67
Meca 26, 27, 63, 96, 146, 157
medicina 51, 68, 99, 128, 130, 131, 132, 133
Medina 26, 109
Mesopotâmia 22, 23, 42, 43, 50, 103, 158
migração 26, 53, 56, 71, 120
missões 59, 63, 95, 103, 150, 151, 152
moçárabes 56, 60, 134, 147
Mohács, Batalha de 144
mongóis 43, 102, 103, 104, 105, 133, 150, 159
monofisismo 23
Montecassino 130
Montpellier 131
Mosul 89
mudéjares 120, 121, 123
Muhamad II, sultão 144, 148, 155, 160
multiculturalismo 124

N

Nápoles 53, 54, 74
Navas de Tolosa, Batalha de 91, 97
navios 55, 73, 90, 112, 141, 143
Negro, mar 112, 114, 115, 143, 144, 158
nestorianos 103
Nicéforo Focas, imperador 54
Nicéia 90, 142
Nicolau de Cusa 153, 154, 155, 156
Nicolau Místico, patrono de Constantinopla 62
Nicópolis 142, 143, 148, 149
Níger, rio 63, 116
Nisibis 53
nomadismo 23, 24, 25
Núbia 52
numerais arábicos 117
numismática 71, 73
Nunilo, mártir 57
Nūr al-Dīn 89

O

Odilon, abade 67
Ogoday Khān 102
ordem dominicana 151
ordem dos mercedários 152
ordem dos trinitários 152
Oto I, imperador 59, 63
otomanos 86, 113, 116, 142, 143, 144, 145, 147, 149, 152, 156, 160
ouro 63, 82, 97, 116
Oxford 13, 129, 151, 152

P

Palermo 119
Palestina 23, 28, 30, 31, 35, 58, 63, 64, 85, 87, 94, 100
papel 67
papiro 74
Paris 98, 129, 136, 151
patrocínio 69, 119, 127, 128

Pavia 75
Pedro, abade de Cluny 135, 136
Pedro I, rei de Chipre 141
Pedro III, rei de Aragão 131
Pedro, príncipe português 96, 97, 100
Pegolotti, Francesco 115
Peloponeso 113
pensamento demográfico 133
peregrinação 27, 33, 70, 87, 157
peste 30, 74, 163
peste negra 163
pimenta 75, 109
Pio II, papa 148, 154
Pirenne, Henri 70, 71, 72, 73
Pisa e os pisanos 106, 109, 112, 114
Platão 51, 68, 98
pluralismo religioso 32, 107, 136
Polônia 102
Portugal 91, 96, 100, 121, 122
"povo do Livro" 118
Preste João 101, 102, 103
Ptolomeu 50, 126, 127

Q

Qirmiz, corante 109
Quios 114, 115

R

Raimundo de Peñafort 151
Rashīd al-Dīn 159
Recafredo, bispo de Sevilha 59
Recemundo, bispo de Granada 63, 70
relações sexuais entre cristãos e muçulmanos 35, 80, 123, 153
Renaud de Châtillon 96, 98, 100
Ricardo I, rei de Inglaterra 90
Rio Salado, Batalha do 147
Robert de Ketton 135, 136
Roda, mosteiro 123
Rodes 140, 141
Rodrigo, arcebispo de Toledo 136
Rodrigo, rei de Espanha 29

Roger de Stonegrave 140
Rogério II, rei de Sicília 128
Roma 24, 30, 33, 54, 56, 62
Romano, imperador 86
Roncesvalles, Batalha de 88, 139
Rússia 72, 102, 104

S

Saara 63, 115, 116, 158
Saladino 89, 90, 93, 96, 98, 104, 130
Salāh al-Dīn. *Ver* Saladino
Salamanca 151, 153, 154
Samarcanda 67
Samarra 72
Sancho IV, rei de Castela 121, 124
sandália, cortiça 65
Santiago de Compostela 55
Sanudo, família 113, 139
Sanudo, Marino 139, 140, 151, 163
São Sabas, mosteiro de 37, 38, 39, 58, 59
Saragoça 82, 120
Sardenha 115
Sarracenos 38
Scot, Michael 126, 127, 128, 136
Segóvia 123, 153, 163
seljúcidas 84, 85, 86, 94, 112, 142, 147
Sevilha 81, 91, 120, 124
Sicília 54, 70, 91, 93, 94, 113, 114, 115, 116, 119, 120, 121, 125, 126
Sigismundo, rei de Hungria 143
Sinai 26, 90
Sinan, o Velho 146
Síria 23, 24, 28, 30, 36, 41, 50, 53, 54, 67, 77, 80, 85, 86, 87, 88, 89, 94, 95, 99, 100, 104, 105, 125, 127, 141, 142, 144, 158
Sofrônio, patriarca de Jerusalém 30, 32, 35
Solimão I, sultão 144
Songhai 149
sunitas 29, 84

T

Tabanos, mosteiro de 58, 59
Tamelão 143, 144
Tarso 54
tecidos 48, 74, 114, 115
tecnologias financeiras 116
Teófilo, imperador 54
teologia 38, 129, 132, 151, 153
Tiro 113, 115
Toledo 29, 40, 41, 126, 127, 128, 135, 136
Toumbuctou 158
traduções 125, 128, 132, 133, 134
Trebizonda 106, 114, 115, 147
Trípoli (Líbia) 115
Trípoli (Síria) 29, 89, 91
Tunísia 29, 42, 62, 91, 109, 112, 114, 130, 151
turcos 98, 145, 148, 153, 160. *Ver também* otomanos, seljúcidas
Turmeda, Anselmo 160

U

Uclés, Batalha de 124
Ucrânia 103
universidades 128, 129, 151, 161
Urbano II, papa 86
Usāmah ibn Munqidh 99, 100, 118, 130

V

Valência 67, 81, 82, 91, 97, 120, 123, 132
Veneza e os venezianos 74, 75, 90, 106, 107, 109, 112, 113, 114, 117, 141, 143, 144, 156
Vermelho, mar 115
Viena 144
Vienne, Concílio de 151
vikings 55

W

Willem Ruysbroek 105
Willibald 36, 37
Wycliffe, John 152

X

xadrez 128
xiitas 20, 29, 84. *Ver também*
  fatímidas

Y

Yarmuk, Batalha do Rio 28
Ysa Yabir 123, 124, 153
Ystoria de Mahomet 41
Yūsuf, "Emir dos Crentes" 84

Z

Zaida 124
Zangi 89
zoroastrismo 49

EQUIPE DE PRODUÇÃO
Leila Name
Izabel Aleixo
Diogo Henriques
Ana Carolina Merabet
Daniele Cajueiro
Lian Wu
Ligia Barreto Gonçalves
Rachel Agavino
Rodrigo Peixoto

REVISÃO DE TRADUÇÃO
Marta Schmidt

REVISÃO
Eduardo Carneiro Monteiro

INDEXAÇÃO
Jancy Medeiros

DIAGRAMAÇÃO
Futura

Este livro foi impresso em São Paulo, em março de 2004, pela Lis Gráfica e Editora, para a Editora Nova Fronteira. O papel do miolo é Chamois Fine Dunas 70g/m², produzido pela Ripasa S.A. Celulose e Papel, a partir de eucaliptos plantados em seus parques florestais, e o da capa é cartão 250g/m².

PAPEL

CHAMOIS·FINE
alcalino

Visite nosso *site*: www.novafronteira.com.br